Retrouvez :
– nos prochaines parutions,
– les résumés de tous les ouvrages du catalogue,
– le blog avec des interviews des auteurs,
– les événements à ne pas rater.
Votre avis nous intéresse : dialoguez avec nos auteurs et nos éditeurs. Tout cela et plus encore sur Internet à :

www.leduc-s.com

Titre de l'édition allemande :
Lessness. Weniger ist mehr - genieße es, Michael Simperl
Copyright © by Ullstein Buchverlage GmbH, Berlin
Published in 2005 by Econ Verlag

Traduction de Catherine Barret
Mise en pages : Facompo – Lisieux

© 2008 LEDUC.S Éditions
33, rue Linné
75005 Paris
E-mail : **info@leduc-editions.com**
ISBN : 978-2-84899-256-3

Michael Simperl

MOINS

c'est

MIEUX

Sommaire

Avant-propos

Êtes-vous fatigué de l'éternelle compétition avec vos amis ou vos collègues de travail – qui a la plus grosse voiture, les fringues les plus « tendance », le (la) partenaire le plus séduisant ? Vous demandez-vous pourquoi vous devez toujours acheter le dernier modèle de portable, d'ordinateur, d'appareil ménager ou de jeu électronique, alors que vous trouvez de plus en plus compliqué de vous en servir ? Aimeriez-vous être enfin capable d'entrer dans un centre commercial ou dans un supermarché pour n'en ressortir qu'avec ce que vous vouliez *vraiment* acheter ? Ou même sans rien du tout ? Alors, ce livre va vous intéresser.

Car ce dont il s'agit ici, c'est de faire le choix conscient et délibéré de désirer *moins*, de posséder *moins*. Et de découvrir que ce n'est pas un sacrifice, ni même une perte, mais que vous pouvez le faire avec plaisir. Que la vie peut être plus belle et plus remplie quand on ne possède *pas* ceci ou cela. Et plus encore quand on ne le désire même pas. Moins c'est mieux : profitez-en ! Que vous n'ayez pas vraiment le choix – par exemple parce que vos revenus ont diminué, ou même parce que vous êtes au chômage – ou que ce soit une décision parfaitement libre, et peut-être un besoin présent en vous depuis toujours, je vous souhaite toutes sortes de bonnes expériences dans votre nouveau style de vie. La seule ambition de ce livre est de vous donner un petit aperçu de ce que vous pouvez en attendre.

Michael Simperl

1

Vivre *less,*
qu'est-ce que c'est ?

> « *Les plus riches sont*
> *ceux qui peuvent se passer*
> *du plus grand nombre de choses.* »
> Rabindranath Tagore

« Moins c'est mieux » : cette phrase est aujourd'hui plus actuelle que jamais. Dans les pays les plus favorisés, les gens sont souvent chargés de beaucoup plus de choses qu'ils ne le voudraient, entre les nombreux objets qui les entourent et les informations, les idéaux, les obligations de toute sorte qu'ils ont en tête. Tout cela cause une certaine agitation intérieure et ne fait bien souvent que susciter le désir de posséder encore davantage, surtout dans le domaine matériel. Lorsqu'on a enfin devant chez soi le dernier modèle six-cylindres dont on rêvait, deux mois plus tard, on se met déjà à convoiter le huit-cylindres…

C'est là une conséquence de la prospérité dans laquelle vit aujourd'hui une bonne partie du monde occidental. Les médias et la publicité jouent aussi un rôle important par les innombrables suggestions, tantôt pressantes, tantôt subtiles, qui nous poussent sans cesse à consommer : « Maintenant, avec les nouveaux portables, vous pouvez aussi prendre des photos ! » De plus, on nous balance sans ménagement, minute par minute, les dernières nouvelles de la planète : « Des attentats d'une violence inouïe ! » Pendant ce temps, les images de figures socialement idéales défilent sous nos yeux : le « métrosexuel » avec ses « tablettes de chocolat », la supermaman qui concilie sans problème, et avec le sourire, carrière, mari et enfants. Il suffit de regarder, dans un kiosque de gare, le mur de journaux, revues et magazines qu'on vous présente. Si vous lisez tous les gros titres en première page, vous serez étonné du nombre de sujets et d'informations que produit chaque jour la seule presse écrite.

L'être humain moyen possède donc aujourd'hui plus d'objets que jamais auparavant. Vous-même, aux yeux d'un habitant d'un pays dit du « tiers-monde », passeriez sans doute pour extraordinairement riche. Et de nouveaux objets nous parviennent sans cesse, mais qu'en faisons-nous ? Dans les pays « industrialisés », les besoins essentiels – manger, boire, se loger, se vêtir, etc. – sont depuis longtemps satisfaits. Aujourd'hui, il est courant que les gens possèdent deux voitures, utilisent toutes sortes d'appareils électroniques pour se distraire et pour communiquer, soient abonnés à plusieurs périodiques, partent en congé plusieurs fois par an et, dans leurs moments de loisir, courent d'une distraction à l'autre.

Nous avons aussi de quoi nourrir notre esprit comme jamais auparavant. Nous recevons des nouvelles du monde entier pratiquement en temps réel, vingt-quatre heures sur vingt-quatre. Chaque kiosque à journaux, chaque magazine nous bombarde d'un flux sans cesse renouvelé d'informations, d'idées, de modes, de tendances, d'idéaux et de styles de vie – d'ailleurs souvent contradictoires. Grâce à une liberté encore inconnue jusqu'ici, nous pouvons presque tout envisager en termes de projet de vie : superpapa, manager, mordu(e) de sport, grand voyageur, as de la technique ou millionnaire en sept ans. Mais à quel prix ? Ce n'est pas seulement une question d'argent, mais d'investissement personnel. Que ce soient nos biens tangibles ou les idées qui nous occupent, tout requiert de nous attention, énergie vitale et temps.

« Qu'ai-je fait de ma vie ? »

Vous arrive-t-il parfois de vous demander si cela a vraiment un sens de vous investir autant, professionnellement, financièrement et intellectuellement, pour pouvoir vous offrir des objets ou des activités ? De vous demander si certaines choses, si agréables soient-elles – avoir une belle voiture, une grande maison, faire des voyages – valent toujours les efforts qu'elles vous coûtent ? Ou ce que cela vous apporte d'être informé en temps réel de toutes les nouvelles petites ou grandes qui arrivent chaque jour de la terre entière ? Ou si c'est bien la peine d'occuper le peu de temps libre qui vous reste par toutes sortes d'activités ? Peut-être ressentez-vous un besoin de vivre davantage votre vie par vous-même au lieu de vous « laisser vivre » sous influence.

Et peut-être enfin pensez-vous au jour où, comme tout être humain, vous vous demanderez : « Qu'ai-je vraiment fait de ma vie ? »

Lessness : un concept –
et un nouveau style de vie

Pour désigner le mode de vie bien particulier que je propose dans ces pages, j'emploie souvent le mot *lessness* – de l'anglais *less*, moins –, qui renvoie à un concept développé par l'auteur canadien Douglas Coupland dans son livre *Génération X*, écrit au début des années 1990[1]. Pour moi, il signifie avant tout ceci :

Penser less, vivre less, c'est tout simplement décider en toute conscience de vouloir moins, de posséder moins. Et d'y prendre plaisir.

Autrement dit : moins c'est mieux, profitez-en ! Que vous ayez les moyens, dans la vie quotidienne, de vous offrir tout ce que vous désirez, ou que vous n'ayez pas le choix en réalité et que vous soyez obligé de vous contenter de peu par manque d'argent, peu importe. Vivre *less*, c'est tout cela à la fois.

---

1. *Lessness* est un néologisme inventé en 1970 par Samuel Beckett pour sa pièce du même nom (en français : *Sans*). Il est souvent traduit par « moinsité ». Dans la traduction française, nous avons généralement remplacé ce terme par les expressions « moins c'est mieux », « vivre *less* » ou « penser *less* ». Quant à l'expression « moins c'est mieux », c'est l'une des versions modernes de la formule *Less is more*, (« moins est plus »), employée au milieu du XXe siècle par l'architecte Mies van der Rohe dans un célèbre « éloge du moins ». (N.d.T.)

« Moins c'est mieux » :
ce que vous avez à y gagner

Tout le monde nous en rebat les oreilles : le plaisir est dans le « toujours plus ». Par exemple pouvoir conduire une voiture encore plus performante, ou aller passer ses vacances dans un endroit encore plus exotique. Aujourd'hui, nous sommes si imprégnés de ces modèles que nous sommes devenus presque incapables d'imaginer qu'il pourrait aussi être très agréable de pratiquer un mode de vie tout à fait opposé. Prendre plaisir à réduire quelque chose ? Ou même à s'en passer ? Mais oui, c'est possible ! Selon les domaines de votre vie où vous vous convertirez au « moins c'est mieux », vous pourrez profiter de l'un ou l'autre des conseils qui suivent.

Vos revenus augmentent

Si vous renoncez volontairement à vous offrir certaines choses, vous aurez automatiquement plus d'argent à votre disposition. Vous pourrez l'employer, par exemple, à acheter les choses dont vous avez réellement envie. Ou, si vous êtes financièrement un peu juste, en profiter pour renflouer votre compte en banque ou pour racheter vos crédits – et vivre désormais avec moins de soucis de ce côté-là.

Vous avez de nouveau le temps

Si vous avez moins de préoccupations matérielles ou intellectuelles, vous aurez tout simplement davantage de temps – et je suppose que, pour vous aussi, c'est un bien rare. La pratique du « moins c'est mieux » agit ici de deux façons : vous avez plus de temps, d'abord parce que vous possédez moins de choses, mais aussi parce que vous en désirez moins. Or, si vous limitez volontairement le nombre de vos désirs, vous avez besoin de moins de temps – en particulier moins de temps de travail – pour les réaliser. Si votre travail vous met sur les nerfs vingt-quatre heures sur vingt-quatre, c'est peut-être uniquement pour que vous puissiez payer les traites de votre nouvelle décapotable ?

Vous avez de nouveau de la place

Tout ce qui n'est plus là – que ce soit chez vous ou dans votre tête – cesse d'occuper de l'espace. Vous jouissez à nouveau d'une bienfaisante liberté de mouvement. Vous mettez de l'ordre plus facilement. Vous avez soudain plus de place pour tout ce que vous trouvez important. Par exemple, avoir un piano et apprendre enfin à en jouer.

Vous vous apercevez que ça marche aussi bien avec moins

C'est dans le monde d'aujourd'hui, si largement régi par la marchandise et par la propriété, qu'il est le plus justifié de faire cette expérience libératrice : comprendre qu'on peut aussi se sentir mieux avec moins. Quand vous aurez pris conscience de cela, vous constaterez rapidement qu'en réalité, vous avez besoin de posséder très peu de choses. À l'avenir, vous n'investirez plus inutilement votre énergie physique et mentale pour acheter ou pour conserver des objets. Cette énergie restera disponible pour des choses plus importantes. Et, si jamais vous deviez vraiment tomber un jour dans une mauvaise passe – où vous n'auriez d'autre choix que la parcimonie –, vous serez beaucoup mieux armé : vous saurez déjà que vous pouvez renoncer sans problème à beaucoup de choses. Et être heureux de passer vos vacances dans un simple refuge de montagne.

Vous appréciez d'autant mieux vos acquisitions mûrement réfléchies

C'est dans le contraste qu'on vit le plus intensément. Si, selon le principe « moins c'est mieux », vous renoncez aux choses dont vous n'avez pas réellement besoin ni envie, vous pourrez jouir d'autant plus intensément de celles qui, au contraire, correspondent bien à votre personnalité.

Votre esprit est plus clair

Avec le principe « moins c'est mieux », vos pensées vont peu à peu s'ordonner et devenir plus claires. Simplement parce que vous aurez moins de préoccupations. Cette plus grande clarté d'esprit est déjà un agrément en soi. Mais elle vous aide aussi à trouver plus facilement des réponses et des solutions aux questions vraiment importantes de votre vie.

Vous êtes en paix intérieurement

Vivre *less* vous évite bien des soucis et des contrariétés. Vous êtes beaucoup plus détendu. D'abord parce que vous avez moins de choses à gérer. Mais aussi parce que vos besoins sont moins nombreux, et que vous n'êtes donc pas amené à convoiter toutes sortes de choses et à chercher comment vous les procurer.

Vous êtes plus libre

Ce que vous ne possédez pas, vous n'avez ni à le payer, ni à l'entretenir, à le soigner, à le protéger, à le chercher. Vous n'êtes plus nécessairement lié à un lieu, à une situation, à une attitude mentale. Vous êtes tout simplement beaucoup plus libre. Vous pouvez facilement aller où vous voulez. Par exemple là où vous pourrez apprendre des choses importantes. Ou découvrir le vrai but de votre vie.

Votre caractère devient plus serein

Observez les gens qui doivent gérer beaucoup de biens – par exemple ceux qui ont hérité de plusieurs maisons dont ils doivent s'occuper. Combien d'heureuses natures parmi eux ? Bien souvent, le fait de posséder est une source incessante de contrariétés qui peuvent devenir tout à fait déprimantes. Inversement, ce qui n'est pas à vous ne vous cause pas de souci. À la longue, cette légèreté de la non-possession peut suffire à vous rendre intérieurement plus serein et plus détendu.

Vos relations avec les autres s'améliorent

Combien de couples se disputent à cause de l'argent ? Combien d'amitiés peu à peu gâchées parce que l'un a toujours envié ce que possédait l'autre ? Vivre *less* ne suffit peut-être pas à rendre vos relations parfaites, mais cela réduit l'importance de toutes sortes de facteurs qui les entravent. Cela fait donc de la place pour ce qui compte réellement dans une relation, par exemple : reconnaître la valeur de l'autre, partager des conceptions et des idéaux, avoir envie de progresser ensemble.

Vous pouvez évoluer plus facilement

Beaucoup de gens n'arrivent même plus à se demander qui ils sont vraiment, ni ce qu'ils attendent de la vie. Emberlificotés dans leurs innombrables activités et obligations, le plus souvent associées à des biens matériels nombreux, ils n'ont plus le temps de se poser, ne serait-ce que de temps à autre, les questions essentielles de l'existence. Vivre *less* vous donne le temps et la paix intérieure nécessaires pour pouvoir, par exemple, évoluer spirituellement, acquérir plus de maturité et de sagesse, ou encore pour mieux utiliser votre potentiel.

Vivre *less* élève votre niveau de bonheur

À la longue, vivre et penser *less* peut même accroître considérablement votre degré de satisfaction, votre « niveau individuel de bonheur ». Car cela peut finalement être l'occasion pour vous de prendre conscience et de vous libérer de toutes sortes d'attitudes mentales et de comportements nocifs. Par exemple, la crainte de manquer quelque chose, la course aux équipements, l'idée que « si seulement j'avais ceci ou cela, je serais plus heureux ». En pensant *less*, au contraire, vous adoptez une attitude qui, lentement mais sûrement, vous amène à envisager votre vie sous un jour bien différent : non seulement vous intégrez l'idée qu'il est possible de se contenter d'avoir moins, mais c'est ce « moins » lui-même qui vous rend *heureux* ! Imaginez donc les effets à long terme sur votre vie d'une telle attitude mentale.

Pourquoi c'est bon pour vous de penser *less*

Vouloir moins en toute connaissance de cause, cette décision a un sens quelle que soit votre situation dans la vie. Mais c'est d'autant plus vrai si vous êtes dans une période où vous avez un peu de mal à joindre les deux bouts. Par exemple si vous êtes au chômage, ou simplement si vous ne gagnez pas assez pour ce que vous dépensez. Dans ce cas, penser *less* vous aidera beaucoup à remettre vos désirs en accord avec vos moyens. Quand vos revenus diminuent, il faut que vos besoins se réduisent pour que l'équilibre soit rétabli. Ce qui fait la différence, quand vous pensez en termes de « moins c'est mieux », c'est que vous prenez vous-même la décision de vouloir moins. Peu importe que vous n'ayez pas le choix en réalité : ce qui compte, c'est que, dans votre tête, le « je *dois* faire des économies » se transforme en « je *veux* moins de choses ». Vous renversez donc complètement votre façon de considérer une situation où vous manquez peut-être un peu d'argent.

La qualité plutôt que la quantité

Bien évidemment, ce livre n'est pas un appel à renoncer absolument à toute consommation et à toute possession. Personne ne vous demande de devenir un ascète : dans ce cas, le renoncement est le but et non pas simplement un moyen de revenir à vos vrais besoins. Tout au contraire, penser *less* n'exclut pas que vous vous offriez ce qu'il y a de *mieux* dans certains domaines. La devise *less* n'est pas : « Rien c'est mieux », mais bien : « Moins c'est mieux » !

Il y a tout de même des choses qu'il peut être très agréable de posséder, en particulier des objets qui, même à la longue, continuent d'avoir sur vous une influence positive – parce qu'ils sont intemporels, parce qu'ils sont vraiment de bonne qualité, ou agréables au toucher, ou qu'ils ont une apparence dont on ne se lasse pas, même après des années. Des objets qui ne s'imposent pas, qui ne font pas d'esbroufe, dont on sait qu'on ne sera pas obligé de les jeter parce qu'ils tomberont en panne juste après la date d'expiration de la garantie, ou parce qu'on ne supportera plus leur look prétentieux.

Les biens intellectuels aussi peuvent procurer de grandes joies. Par exemple, la culture générale vous aide à mieux vous situer – historiquement, géographiquement, philosophiquement. Plus vous en prenez soin, mieux vous comprenez ce qui se passe quotidiennement autour de vous. Si, en plus, vous savez jouer d'un instrument, c'est encore mieux. Le piano, par exemple : dès que vous posez les doigts sur les touches, vous vous sentez « plus près de Dieu et des hommes »… Un autre bien intellectuel qui en vaut toujours la peine, c'est la pratique d'une ou plusieurs langues étrangères. Chaque nouvelle langue que vous maîtrisez vous donne automatiquement une nouvelle ouverture sur le monde – même abstraction faite de l'importance croissante des langues dans la réussite professionnelle. Enfin, vous ne perdrez jamais votre temps en vous intéressant aux grandes sagesses traditionnelles de l'humanité.

À l'inverse, la pratique du « moins c'est mieux » n'a absolument rien à voir avec la tendance actuelle à vouloir tout acheter moins cher. Vivre *less*, ce n'est pas courir après les réductions et les promotions, continuer à acheter si possible autant qu'avant, mais en payant beaucoup moins. Ce n'est pas faire des économies ni « acheter malin », mais simplement prendre la décision consciente de vouloir moins et de posséder moins. Et apprécier cette façon de vivre – en particulier l'état d'esprit positif qu'elle entraîne.

Si le « moins c'est mieux » vous procure un plaisir de vivre appréciable, c'est bien parce qu'il vous rend moins dépendant, plus responsable dans vos décisions d'achat, mais cela ne signifie pas qu'on refuse toute possession matérielle ou intellectuelle, ni qu'on se désintéresse du lendemain. Même si vous avez choisi une vie *less*, vous continuerez d'avoir besoin de toutes sortes de produits, de services et de distractions, et aussi d'avoir des obligations à remplir, du moment que ces choses en valent la peine et que vous y tenez. Nous tous, vous, moi, nous allons continuer à boire, à manger, à nous divertir, à nous déplacer de temps en temps dans le monde, à faire des expériences intéressantes, et enfin à partager et à transmettre ce que nous vivons.

Mais nous réduirons notre consommation à ce qui nous tient vraiment à cœur. Aux produits, aux informations, aux activités dont nous avons un vrai besoin. Cette façon de consommer représente un grand progrès, surtout par rapport aux objets qui nous entourent. Nos achats d'impulsion, ceux qui nous sont dictés par une pression extérieure – par exemple la promotion déguisée des produits dans les médias – seront moins nombreux. Nous éprouverons donc de moins en moins souvent le sentiment d'insatisfaction qu'entraînent précisément les achats de ce genre au bout de quelque temps. Inversement, les objets que vous vous offrirez parce que vous les aimez vraiment vous procureront d'autant plus de satisfaction et de plaisir.

Vous contribuez à la défense de l'environnement

Un effet secondaire appréciable du « moins c'est mieux », c'est son impact sur l'environnement. Lorsqu'on diminue sa consommation de produits et de services, on consomme inévitablement moins d'énergie. Une excursion à vélo, contrairement à la voiture, c'est zéro émission de gaz à effet de serre. Si vous choisissez de ne plus bourrer votre maison de tous les appareils électriques et électroniques possibles, vous vous épargnez à vous-même et à l'environnement tout ce qui va avec : les emballages à jeter, la consommation d'électricité – et la question du recyclage des appareils lorsqu'ils seront cassés ou que vous ne les trouverez plus aussi indispensables. De même, la chasse aux prix bas – en traversant toute la ville en voiture d'un centre commercial à l'autre – n'a pratiquement plus lieu d'être une fois qu'on s'est habitué à considérer sciemment ses envies d'achat, petites ou grandes, du point de vue du « moins c'est mieux ». Dit d'une autre façon : quand nous vivons *less*, nous apportons automatiquement notre petite contribution à la défense de l'environnement. Mais cela peut être pour vous une motivation supplémentaire pour adopter l'idée que moins, c'est mieux.

Du temps pour les choses belles et simples

Qu'allez-vous mettre à la place de toutes les affaires, les obligations et les soucis qui vous occupaient tant jusqu'à présent ? C'est ce qu'il y a de bien avec cette idée que « moins, c'est mieux » : elle aiguise votre sensibilité à tout ce qui est beau, simple et gratuit. Et maintenant, vous avez plus de temps pour en profiter. Personnellement, le dimanche, j'éprouve beaucoup de plaisir à me promener simplement dans les petites rues tranquilles de ma ville. Ou bien, à la campagne, à marcher sur les chemins en observant le spectacle changeant des nuages et en respirant les senteurs variées des prés et des bois, ou à rouler à bicyclette pendant des heures à la rencontre du soleil… Tout ça, c'est gratuit.

Être avec des amis est un autre de ces plaisirs gratuits : refaire le monde, délirer ensemble sur des idées folles, rire, tout en dégustant une bonne bouteille… Vous pouvez aussi profiter de ces moments pour relire un bon livre, par exemple un recueil de textes de sagesse ou de philosophie qui vous renvoie à des réflexions toujours nouvelles. Et, bien sûr, aller vers le « moins c'est mieux » vous donne du temps pour vous : pour vivre plus intensément votre vie, pour en faire quelque chose. Ou encore pour réfléchir à la grande question : qui sommes-nous, d'où venons-nous, où allons-nous ?

Tout cela paraît évident, bien sûr. Et pourtant, la plupart des gens sont bien trop occupés en permanence par des questions matérielles pour avoir le temps ne serait-ce que d'envisager des options aussi simples, encore moins celui de les vivre et d'en profiter.

Il est certes difficile de vivre ici et maintenant, de percevoir le moment présent et lui seul, quand l'intellect est sans cesse occupé par les biens matériels et les désirs. Même dans un très beau parc de château ou au sommet d'une montagne devant un panorama époustouflant, il suffit de tendre l'oreille pour se rendre compte que la plupart des gens pensent à autre chose : leur nouvelle voiture qui a coûté tant, le portable qui « passe super bien ici », leur travail stressant, leurs problèmes de copropriété…

Vivre *less* vous donne l'occasion de redécouvrir beaucoup de sources gratuites de bonheur, de bien-être et de satisfaction, et plus de temps pour en jouir. C'est l'une des expériences les plus précieuses que ce mode de vie puisse vous apporter.

Un chemin facile vers le bonheur

Vous vous demandez si la pratique du « moins c'est mieux » est difficile ? À cela, j'ai toujours envie de répondre par le même exemple. L'eau n'offre apparemment aucune résistance. Et pourtant, avec le temps, elle peut déplacer des montagnes. Voyez ces torrents qui, au cours de millions d'années, ont creusé dans le rocher des gorges de plusieurs centaines de mètres de profondeur. Il en va de même de nos habitudes.

En pensant *less*, vous adoptez peu à peu de nouvelles façons de voir et de nouveaux comportements – selon les motivations dans lesquelles vous vous retrouverez en lisant ce livre. Par exemple, vous prenez plus souvent l'autobus là où vous aviez l'habitude de prendre votre voiture. Au restaurant, vous pouvez partager un plat à deux. Le matin, vous n'allumez pas forcément la radio pour écouter les informations. Vous passerez peut-être vos prochaines vacances « au frais » dans un coin tranquille, et pas dans une île de rêve en promotion. Vous vous contentez d'une seule carte de crédit au lieu de trois. Vous choisissez délibérément de moins attendre de vos partenaires. Vous adoptez toutes sortes de nouveaux comportements dont vous pensiez peut-être jusqu'ici qu'ils faisaient « minable » – des choses que vous jugiez au-dessous de votre standing ou de votre niveau d'exigence habituel.

Il est fort possible qu'au bout d'une semaine sans voiture, par exemple, vous vous écriiez : « Mon Dieu, je ne m'y ferai jamais ! » – parce qu'il y aura eu deux ou trois fois un peu trop de monde dans le bus, ou parce qu'après avoir fait à bicyclette vos courses de la semaine, le lendemain, vous aurez du mal à supporter la selle plus de dix minutes. C'est pour cela que je vous supplie de réfléchir un peu à la force de l'habitude. Finalement, la plus grande partie de nos actions n'est qu'une succession d'innombrables petites habitudes. Depuis le journal lu avec le café du matin jusqu'à la télécommande qu'on attrape en rentrant à la maison. Par bonheur, il est aussi très facile de se désaccoutumer de la plupart de ces comportements acquis. Pour beaucoup d'entre eux, au bout de quelque temps, vous ne vous souviendrez même plus qu'ils existaient !

Donc, si vous essayez de faire entrer dans votre vie une pratique *less* et que le découragement vous guette, prenez tout le temps qu'il faut pour que cela devienne une simple habitude. Si, pour beaucoup de choses, il faudra pendant quelque temps vous préparer psychologiquement à accomplir tel geste ou à voir les choses de telle façon, il suffira parfois de deux semaines pour que cela vous devienne aussi naturel que de vous brosser les dents.

Et, une fois que vous aurez bien intégré l'une des nombreuses stratégies « moins c'est mieux », l'habitude vous évitera le plus gros du travail : avoir à y penser. Trouver les bons tours de main. Savoir à quoi cela vous servira. Considérer une situation d'un point de vue plus intéressant pour vous. Un jour ou l'autre, ça se fera tout seul – elle est là, la fameuse force de l'habitude ! Voilà pourquoi il est si simple de pratiquer le « moins c'est mieux ». Il s'agit seulement de vous habituer à quelques nouvelles façons d'agir, et surtout de penser, qui auront une influence positive tout à fait décisive sur l'ensemble de votre mode de vie.

Encore un avantage essentiel : vous n'avez rien de vraiment nouveau à apprendre. Pas besoin de répéter des formules comme dans certaines techniques mentales (dans le genre : « Si je veux, je peux »). L'idée de base du « moins c'est mieux » est sans doute aussi vieille que l'humanité elle-même, et si simple que n'importe qui peut la comprendre immédiatement. Vous ne devriez donc avoir aucun mal à faire entrer le « moins c'est mieux » dans votre vie, lentement mais sûrement.

C'est encore mieux si vous êtes un repenti de la consommation obligatoire

Avez-vous déjà possédé quelques-uns de ces objets qu'il *faut* absolument avoir ? Avez-vous essayé des choses qui vous faisaient irrésistiblement envie ? Vous est-il souvent arrivé de creuser un peu pour savoir si une affaire qu'on vous présentait comme particulièrement alléchante était vraiment aussi intéressante que ça ? Tant mieux ! Ce sera d'autant plus facile pour vous de commencer une vie *less*. Car vous pouvez vous considérer comme déjà libéré de ces choses-là. Libéré au sens où elles ne suscitent plus en vous les fantasmes et les désirs du non-initié.

Si vous avez déjà constaté par vous-même que, même lorsqu'elles coûtent beaucoup d'argent, les choses ne sont pas toujours aussi formidables, vous ne risquez plus de vous laisser influencer par les amis ou par la publicité. Vous pouvez comparer avec votre expérience personnelle. Vous avez déjà eu une décapotable, vous vous êtes bien baladé avec – alors, vous vous en offrirez peut-être une autre dans quelques années, ou peut-être plus jamais, ça n'a plus aucune importance. Quoi qu'il arrive, vous n'en voudrez plus au point d'y penser la moitié du temps. Si vous décidez de vous offrir une nouvelle fois cet objet, votre choix sera bien plus rationnel. Mais vous pourrez aussi bien y renoncer sans états d'âme, parce que le plaisir que vous en retireriez ne justifierait plus une telle dépense.

La plupart des gens trouvent donc plus facile de vivre *less* lorsqu'ils ont déjà atteint un certain âge et qu'ils sont allés au bout de quelques-unes de leurs envies les plus fortes. Inversement, si vous avez encore beaucoup de désirs inassouvis qui vous travaillent, il faut peut-être commencer par en réaliser un ou deux, selon vos possibilités, avant de vous lancer dans la vie *less*. Si vous rêvez depuis des années d'une semaine de shopping à New York : faites-le. Après, vous pourrez enfin dire : « Ça, c'est fait », et passer alors tranquillement, par petits bouts, au « moins c'est mieux », sans être régulièrement traversé(e) par le regret de ne pas être en train de courir les boutiques à New York.

Cherchez-vous un modèle de « vie *less* »

Pour vous, passer au « moins c'est mieux » – parce que vous ne supportez plus la surconsommation ou la surinformation – est sans doute un événement. Mais l'idée en soi n'est pas nouvelle. Vous connaissez peut-être déjà plusieurs personnes qui vivent dans cet esprit, mais qui ne donneraient pas ce nom-là à leur façon de vivre ou qui n'y voient rien d'exceptionnel, soit qu'elles n'aient tout simplement jamais connu les excès de la société moderne, soit qu'elles ne leur aient pas permis d'entrer dans leur vie.

Cherchez parmi ces gens votre modèle personnel de vie *less*. Ce modèle vous aidera à mettre en pratique vos nouveaux principes, surtout dans les premiers temps. Ce pourrait être par exemple votre défunte grand-mère, qui, matériellement ou en esprit, n'a jamais trimballé de fardeaux inutiles, a mené une vie simple et, malgré cela ou grâce à cela, a toujours été contente d'elle-même et des autres. Vous pouvez aussi chercher un lieu qui, pour vous, représente l'essence même du « moins c'est mieux », et auquel vous penserez régulièrement. Par exemple ce petit village où vous passiez vos vacances, quelque part sur la Méditerranée. Rappelez-vous les soirées entre amis à la terrasse du petit café où vous bavardiez gaiement en mangeant du pain et des olives avec un verre de vin et en regardant de temps en temps vers la mer – vous n'aviez besoin de rien d'autre alors.

Apprenez à mieux vous connaître

Connaissez-vous vos vraies valeurs ? Savez-vous ce qui compte vraiment pour vous ? Ce qui vous rend heureux à long terme ? La connaissance de soi n'est pas seulement, pour tout un chacun, une clé pour mener une vie plus autonome et mieux remplie, c'est aussi une aide précieuse pour vivre *less*. Mieux vous connaîtrez vos besoins personnels, plus vous rendrez la tâche difficile à tous les tentateurs qui, en fin de compte, ne cherchent qu'à susciter en vous de nouveaux besoins matériels.

Prenez donc une bonne fois le temps de découvrir vos vraies valeurs. Vous pouvez vous aider d'un livre sur ce sujet. Il vous faudra peut-être des jours ou des semaines pour avoir une image claire de vous-même, mais vous serez surpris de constater que beaucoup de vos valeurs personnelles, considérées du point de vue du simple bon sens, peuvent se passer de moyens matériels (argent, possessions, statut social, etc.), ou même que l'excès de biens matériels les rend plus difficiles à réaliser. De cette façon, vous verrez disparaître spontanément toutes sortes de désirs que vous considériez jusqu'ici comme tout à fait essentiels.

Si vous découvrez, par exemple, qu'il est particulièrement important pour vous d'avoir des relations paisibles avec vos amis ou vos collègues de travail, vous constaterez peut-être que l'habitude de jouer à celui qui aura la voiture la plus chère, les plus beaux vêtements ou les vacances les plus lointaines empêche ce genre de relations – et que, dans ce domaine, vous aviez tendance à suivre le goût commun plutôt que vos propres idées. Prenez de temps en temps un moment pour identifier vos besoins authentiques. Et savourez cette façon de revenir à une vie nettement plus simple et mieux remplie.

Impliquez votre partenaire

Si vous vivez en couple, votre partenaire aussi a son rôle à jouer. Vivre *less* est un projet comme bien d'autres (devenir végétarien, arrêter de fumer, faire du sport) : si l'autre vous soutient, au moins moralement, le changement sera beaucoup plus facile. Si vous avez envie de vous lancer dans l'expérience du « moins c'est mieux », proposez à votre partenaire de lire ce livre. Avec un peu de chance, il se peut même qu'il/elle soit convaincu(e) par cette idée.

Mais peut-être y trouverez-vous un autre avantage : parler ensemble de vos idées et de vos expériences *less* apporte un heureux changement dans vos sujets de conversation. Plus généralement, dans vos relations avec les gens, vous constaterez que lorsque, mine de rien, vous lancez la conversation sur ce sujet, cela donne des résultats tout à fait inattendus : en particulier, votre interlocuteur s'ouvre bien davantage, parce que la plupart des gens, au fond, aspirent à plus de simplicité, mais, bien souvent, n'osent pas aborder la question d'eux-mêmes.

Donnez-vous du temps

Vivre *less*, c'est comme perdre du poids : le régime miracle « dix kilos en dix jours » n'existe pas. Donnez-vous du temps pour passer au « moins c'est mieux » dans tous les domaines où vous souhaitez le faire. Certaines vieilles habitudes, certains besoins sont peut-être plus profondément enracinés que vous ne le supposez. Après tout, ils ont souvent mis des années, voire des décennies, à s'installer dans votre vie. Ce n'est pas spécialement facile non plus si tous ceux qui vous entourent continuent à faire du shopping allègrement ou vous taquinent, délibérément ou non, avec leurs grosses voitures et leurs vêtements de marque. Alors, ne commencez pas tout de suite à vous demander chaque jour jusqu'à quel point vous vous sentez déjà plus libre ou mieux dans votre peau. Ne vous attendez pas à ce que toutes les recettes « moins c'est mieux » marchent parfaitement pour vous dès le départ. Laissez le temps faire son œuvre – et remarquez les transformations positives que vos pensées *less* entraînent, lentement mais sûrement, dans votre vie.

Utilisez la force des petits détails

À la longue, des changements qui vous apparaissaient à première vue comme des détails peuvent opérer des miracles. Que, ce soir, vous regardiez ou non le journal télévisé, cela n'aura aucune incidence sur votre qualité de vie. Mais si, à partir d'aujourd'hui, vous prenez la décision consciente de ne plus vous informer sur les événements importants qu'à travers des médias « calmes » tels qu'un bon quotidien, d'ici à la fin de votre vie, selon votre âge actuel, vous vous épargnerez peut-être dix mille fois ou davantage le spectacle d'images sanglantes, de catastrophes et de carnages en tout genre.

Un autre exemple : supposons que vous ayez quarante ans. Selon l'espérance de vie normale, il vous reste encore au moins quarante mille repas à prendre, si vous mangez chaque jour matin, midi et soir. À supposer que vous prépariez tous ces repas vous-même, cela vous laisse encore, en gros, quarante mille occasions d'agir sur votre corps, sur votre santé et sur votre bien-être par votre alimentation.

Si, en outre, vous travaillez jusqu'à soixante ans, vous aurez encore près de cinq mille fois l'occasion de vous énerver à cause des embouteillages où vous vous trouvez coincé tous les matins en allant travailler. Mais vous pouvez aussi vous épargner cette énorme addition de colère en prenant le bus ou votre bicyclette. Ou, éventuellement, en trouvant le moyen de travailler à la maison.

Ce que je veux mettre en évidence avec ces exemples, c'est que, plus un événement déterminé se produit fréquemment dans votre vie, plus les effets seront importants si vous y changez quelque chose. C'est vrai même pour les actes quotidiens les plus élémentaires. Aussi, pour évaluer les effets de ces conseils pour une vie *less*, ne jugez pas d'après ce que vous ressentez après avoir vécu une seule fois la situation en question, mais considérez toujours le nombre de fois où cette situation pourra encore se produire dans votre vie.

De cette façon, vous aurez bientôt une idée de l'influence puissante que peuvent exercer sur votre vie les activités et les habitudes les plus simples, pour peu qu'elles reviennent suffisamment souvent. Et vous comprendrez pourquoi des changements qui n'avaient pas l'air de grand-chose au départ peuvent pourtant, à la longue, accroître considérablement votre niveau de bien-être.

Apprenez à nager à contre-courant

Vivre *less* signifie aussi que, parfois, vous ne ferez *pas* certaines choses qui « se font » d'habitude. Tout simplement parce que, avant de les faire, vous regarderez si elles vous plaisent vraiment, à vous. Si, jusqu'à présent, vous aviez beaucoup suivi tout ce qui était « tendance » – cela arrive à tout le monde ! –, vous aurez peut-être une impression un peu bizarre au début, lorsque vous commencerez à mettre en pratique les idées *less*.

Le mieux sera de ne pas avoir l'air surpris quand vos amis ou vos collègues vous jetteront des regards interrogateurs parce que vous quitterez une fête avant minuit, que vous serez le seul, dans une sortie entre hommes, à boire un verre de vin plutôt que des litres de bière, ou parce qu'ils trouveront quelques produits bio bien choisis dans votre salle de bains à la place de l'étalage habituel de produits de soins et de cosmétiques.

Réjouissez-vous plutôt du fait que vous y gagnez une identité plus forte, et qu'on vous remarque et vous respecte davantage à mesure que vous affirmez votre personnalité.

Débarrassez-vous de tous les objets inutiles

Le début d'une vie *less* est aussi l'occasion d'un grand coup de balai. C'est le moment de vous débarrasser de tous les objets dont vous savez déjà qu'ils ne vous plaisent plus, qu'ils ne font que vous coûter de la place, de l'argent et du stress, ou tout simplement que vous n'en avez plus l'utilité. Passez en revue honnêtement toutes vos possessions en fonction de ces critères.

Si vous trouvez dommage de jeter tout cela, pas d'inquiétude : il existe aujourd'hui d'autres solutions que la déchetterie ou le marché aux puces – ou le don à des associations qui recyclent ou revendent les objets. Pour certains d'entre eux, vous pouvez aussi gagner pas mal d'argent en les proposant à la vente sur le site eBay ! Bien sûr, on gagne aussi de l'argent au marché aux puces et par les petites annonces, mais, pour certains produits très demandés, vous obtiendrez des prix bien plus intéressants sur Internet.

Tout ce qu'il vous faut pour lancer vos enchères, c'est un ordinateur avec accès à Internet, un appareil photo numérique (un modèle simple convient parfaitement) et une provision de vieux cartons et matériaux d'emballage. Essayez, vous serez surpris de voir quel prix des amateurs sont prêts à payer des objets qui, pour vous, n'avaient aucun intérêt !

Si vous n'avez encore aucune expérience des enchères sur Internet, sachez que c'est beaucoup plus simple qu'il n'y paraît au premier abord. Il faut d'ailleurs bien que ce soit simple, pour qu'un maximum de gens participent et que l'entreprise y gagne quelque chose. La procédure est très bien expliquée sur le site eBay. Sinon, vous trouverez sans doute, dans votre famille ou parmi vos amis et connaissances, une personne capable de vous l'expliquer. Un petit truc : en tant que vendeur privé, à chaque fois que vous faites une vente, vous pouvez parfaitement exclure la garantie de deux ans proposée pour chaque objet mis aux enchères.

De plus, mettre aux enchères sur Internet vos vieilles affaires n'est pas seulement simple, c'est vraiment un plaisir ! Selon l'état de la demande, vous pouvez facilement récupérer jusqu'à cent ou deux cents euros dès les premiers objets que vous vendrez. Cet argent sera votre première récompense pour avoir osé vous lancer dans le « moins c'est mieux » !

2

Qu'est-ce qui vous pousse à la consommation ?

*« Suis ton chemin
et laisse parler les gens. »*
D'après Dante, *La Divine Comédie*

Que désirez-vous vraiment, et qu'est-ce qui vous fait croire que vous en avez besoin ? Pour être tout à fait prêt à pratiquer le « moins c'est mieux », il est important de connaître ceux qui nous incitent à consommer. Quels sont les mécanismes, les habitudes, les modèles qui entrent en jeu ? Quelle influence ont sur nous nos contemporains, les médias et la publicité ? En quoi partageons-nous le credo universel « plus c'est grand, mieux c'est » ? Plus tôt vous saurez détecter les méthodes de séduction employées, plus il vous sera facile de vous y soustraire, qu'elles soient grossières ou subtiles.

Des opinions
et des rituels bien rodés

Dans votre travail, avec vos amis ou dans votre famille, vous connaissez probablement vous aussi cette espèce de compétition permanente où l'on cherche à savoir qui a la voiture la plus rapide, ou le plus petit portable, ou encore qui a pu obtenir le plus gros rabais à l'achat de son nouveau téléviseur. Ou bien qui a les informations les plus précises sur l'événement du jour, qui connaît les derniers potins sur les stars de Hollywood ou du sport. Qui joue le plus grand nombre de rôles différents dans la vie, avec le sourire et la plus grande facilité apparente. Qui a un fils ou une fille ayant appris à lire, écrire ou compter plus tôt que tous les autres, ou sachant déjà programmer des sites Internet, ou ayant réussi le concours d'entrée d'une grande école, etc. Ce qu'il y a de plus aberrant dans ce genre de compétition, c'est que, dans bien des cas, elle peut se prolonger indéfiniment. Chaque fois qu'un résultat est atteint, un autre prend le relais. Lorsqu'il s'agit de comparer leurs enfants à ceux des autres, certaines mères peuvent commencer dès le berceau – et poursuivre la compétition même quand les fils ou les filles sont depuis longtemps dans la vie active.

Plus haut, plus vite, plus loin ? Non merci !

Si vous aspirez à vivre *less*, réfléchissez bien : ne vous arrive-t-il pas parfois de participer vous aussi à des concours de ce genre ? Ils ne se présentent pas toujours à vous sous une forme aussi grossière, et beaucoup s'avancent masqués. En y repensant, peut-être vous rendrez-vous compte que, jusqu'ici, vous vous laissiez régulièrement entraîner dans toutes sortes de compétitions sans même vous en apercevoir. Peut-être vous demandiez-vous seulement pourquoi vous ressentiez toujours confusément une certaine tension dans les conversations avec votre meilleur ami.

Décidez tout simplement de vous retirer désormais de ces compétitions chaque fois que vous le pourrez. Prenez une bonne résolution : « Je ne marche plus là-dedans. » Vous vous apercevrez que c'est beaucoup plus facile que vous ne le pensiez au départ, dès lors que vous vous posez la question du sens : « Qu'est-ce que ça m'apporte ? » Oui, qu'est-ce que ça peut faire si vous passez vos vacances d'été au bord du lac voisin plutôt qu'à l'île Maurice, si vous vous rendez aux réunions d'anciens élèves en Clio d'occasion, ou si, dans un dîner, vous avez le plus vieux modèle de portable de tous les invités ? Réjouissez-vous plutôt d'être capable à vos propres yeux d'une telle liberté.

Vous ne risquez pas grand-chose. Tout au plus serez-vous un interlocuteur moins recherché quand la conversation roulera sur les nouveaux portables, sur les fringues Prada ou sur qui est avec qui à Hollywood. Peut-être aussi certains de vos anciens « coéquipiers » dans la course à la consommation vous trouveront-ils un peu bizarre : « Je ne sais pas, on dirait que tu as changé… » Il est même fort possible que votre cercle d'amis se modifie un peu au fil du temps. Mais vous pouvez consentir sans inquiétude ce petit sacrifice apparent, car vous y gagnerez beaucoup par ailleurs : au lieu de vous mesurer sans cesse aux autres, vous vivrez selon vos vrais désirs.

Avoir plus, c'est plus de bonheur :
une vieille illusion à enterrer

Vivre *less* vous sera également plus facile si vous avez intériorisé l'idée que cela n'ira pas nécessairement mieux si vous possédez plus de choses. Comme on peut le lire dans le livre de Stefan Klein, *Apprendre à être heureux*[2], les recherches les plus récentes en neurobiologie confirment les vieux dictons de la sagesse populaire : décidément, l'accumulation de biens matériels ne rend pas plus heureux. Lorsque vous aurez définitivement reconnu ce fait – ne serait-ce qu'en vous rappelant le destin de quelques-unes de vos acquisitions –, vous aurez posé une autre base essentielle de votre vie *less*.

La vérité est qu'il y a pour chaque être humain, donc pour vous aussi, un « niveau de bonheur » bien établi, un niveau individuel de bien-être. Même si un individu gagne un million à la loterie, au bout de quelque temps, il aura tendance à revenir à son niveau de satisfaction de l'époque où il devait se débrouiller avec un revenu modeste et vivre dans un deux-pièces cuisine. Même avec un compte en banque bien rempli, un ancien grincheux se remettra à ronchonner dès qu'il se sera accoutumé à sa nouvelle richesse. Et celui qui était content de lui-même et des autres lorsqu'il était pauvre le sera également s'il devient millionnaire.

Ce n'est guère différent dans l'autre sens. Celui qui dégringole dans l'échelle des revenus et ne peut plus se permettre beaucoup de choses dont il avait

---

2. Stefan Klein, *Apprendre à être heureux, neurobiologie du bonheur*, Robert Laffont, coll. "Réponses", 2005, trad. Olivier Manonni.

l'habitude revient malgré tout, au bout de quelque temps, au niveau de bonheur où il se situait précédemment. Ceci, bien sûr, en l'absence de problèmes réellement vitaux, comme n'avoir rien à manger ou être à la rue.

« Si la moitié de nos souhaits étaient exaucés, nos soucis seraient doublés. »

Benjamin Franklin

Alors, seriez-vous vraiment plus heureux si vous aviez assez d'argent pour vous acheter tout ce dont vous avez toujours rêvé ? N'y pensez plus. Au reste, notre cerveau lui-même ne supporterait pas longtemps un feu d'artifice permanent de joies – par exemple si vous gagniez tous les jours au Loto. Si l'on veut changer son niveau de bonheur, on ne peut le faire qu'en se changeant intérieurement : en vivant davantage en harmonie avec soi-même, en ayant des relations plus satisfaisantes, ou encore en faisant plus souvent des expériences où l'on est si absorbé par son activité, et de façon si agréable, qu'on ne voit pas le temps passer. Pour cela, penser *less* est donc un bon point de départ.

Vous ne manquerez rien (ou presque) !

Avez-vous parfois le sentiment que vous risquez de manquer quelque chose ? Il ne s'agit pas ici de ce qui compte réellement dans la vie : il est bien évident qu'il faut voir ses enfants grandir. Mais qu'en est-il des petits événements du quotidien ? Une réception très chic où vous pourriez aller. Le voyage que vous deviez faire à Ibiza avec vos collègues de bureau.

Le nouveau sport à la mode. Le journal du soir à la télévision. Le film dont tout le monde parle. Peut-être éprouvez-vous le sentiment qu'il y a des endroits où il se passe des choses plus intéressantes, ou que tout est plus beau ailleurs ? Vous aimeriez peut-être mieux l'autre plat que celui-ci, ou bien il serait plus intéressant de partir en week-end à Rome plutôt qu'à Prague, ou encore de vivre avec X plutôt qu'avec Y…

Ce syndrome du « je manque peut-être quelque chose » est un effet inévitable de notre société moderne où tant de choix sont possibles. Tout simplement, il y en a trop. Nous sommes donc presque toujours obligés de choisir entre ceci et cela, et pourtant, nous manquons toujours une quantité de choses : si nous nous décidons pour un concert, nous ratons un épisode de notre feuilleton préféré, une soirée chez Untel, un vernissage dans une galerie… Il n'est donc pas étonnant que vous soyez d'autant moins satisfait de votre décision que vous avez davantage de possibilités, et que vous vous demandiez ce qui se passe à Méribel pendant que vous faites du ski à Megève.

Les influences extérieures jouent également un rôle : la publicité, les médias, nos amis nous dépeignent, généralement sous les couleurs les plus flatteuses, toutes les choses que nous devons absolument voir ou faire : « Tu ne peux pas manquer ça… » Jusqu'à ce que, de guerre lasse, nous acceptions d'aller nous aussi passer nos vacances dans ce club incontournable – pour découvrir le plus souvent que c'est la même chose que partout ailleurs : que la sono diffuse des vieux tubes des années 1980, que le buffet de fruits de mer tant vanté est approvisionné avec du surgelé, et que tout le monde joue à « mon auto est plus belle que la tienne », exactement comme ceux que vous rencontrez dans n'importe quel « pot » d'entreprise.

Mais peut-être avez-vous un jour, plein d'une impatience fébrile – des stars ! du glamour ! de l'action ! – fait vos valises pour Hollywood ? Déjà, à l'arrivée, le spectacle mille fois répété du *Walk of Fame* sur des écrans de télévision vous a peut-être un peu refroidi. Ensuite, les étoiles encastrées dans le trottoir, portant les noms des acteurs et des héros de films les plus célèbres, vous ont certes paru assez impressionnantes. Mais vous êtes un peu déçu de ne guère croiser là que des foules suantes de touristes venus du monde entier, et aussi, vers le soir, un nombre accru de personnages bizarres. En tant que Français, les cafés ne vous surprennent pas. Et vous ne trouvez pas particulièrement renversant que ces rues dont le nom résonnait pour vous de façon magique soient surtout bordées de magasins plutôt banals, de supermarchés et de fast-foods.

Si, malgré tout cela, nous gardons le sentiment que nous risquons de manquer quelque chose, ce n'est donc bien souvent qu'une habitude sur laquelle nous n'avons jamais pensé à nous interroger. En fait, il nous suffirait de réfléchir une bonne fois sur la question de savoir ce que nous perdons en nous abstenant de regarder le journal télévisé, ou en oubliant de temps en temps le rituel hebdomadaire du rendez-vous avec les copains au bistrot : la réponse est évidente.

Tout cela vous paraît peut-être un peu exagéré. Sans doute avez-vous réellement connu des moments inoubliables lors d'événements « à ne manquer sous aucun prétexte ». Simplement, à l'avenir, regardez-y d'un peu plus près lorsque, à propos de quoi que ce soit, la pensée vous viendra qu'il faut absolument en être, sous peine de manquer quelque chose. Se peut-il que ce soit la pure vérité ? Ce que vous risquez de manquer correspond-il vraiment à votre personnalité ? Est-ce bon pour vous et pour votre moral ? Aussi : pouvez-vous vous fier au jugement des amis qui vous font miroiter cela avec insistance ? Si la réponse est oui à toutes ces questions, faites-le et profitez-en de tout votre cœur. Sinon, jouissez plutôt du temps libre que vous gagnerez en ne le faisant pas.

Toujours plus vite, toujours plus à la fois

Notre société moderne vit plus vite qu'aucune autre auparavant. Le seul fait que nous échangions aujourd'hui informations et documents avant tout par Internet a encore accéléré le rythme dans le monde du travail. Dans la vie privée aussi, la rapidité s'obtient souvent au prix de la qualité : « Sur votre table en deux minutes seulement ! » Pour beaucoup de gens, les films des années 1950 et 1960 sont devenus trop lents : même nos habitudes visuelles réclament aujourd'hui plus de vitesse. En outre, cette course au temps encourage à son tour la consommation, puisque ceux qui ne font que courir sans jamais s'arrêter pour jouir du moment présent consomment souvent davantage.

C'est bien pourquoi cela ne nous ferait pas de mal d'adopter parfois volontairement un rythme un peu plus lent. Au moins de temps en temps, faites les choses vraiment lentement, ou, plus exactement : à une vitesse adaptée à l'être humain. Prenez donc une demi-heure, ou même plus, pour savourer un repas. Marchez, ou roulez tranquillement à vélo, au lieu de prendre votre voiture sans réfléchir. Prenez le temps de cuisiner votre plat préféré. Ouvrez une bonne bouteille et, surtout, faites-la durer toute la soirée. Quand vous accomplissez une tâche quelconque, ne pensez pas au résultat attendu, mais concentrez-vous sur ce que vous êtes en train de faire. Même pour les corvées quotidiennes, ne cherchez pas à vous en débarrasser le plus vite possible, mais accomplissez-les en toute conscience. Soyez présent avec toutes vos perceptions, avec toute votre attention (arroser les fleurs, par exemple, est un bon exercice pour s'entraîner à cela). Savourez le sentiment de retrouver, grâce à cette lenteur délibérée, la maîtrise de votre temps.

Pourquoi en faire toujours plus à la fois ?

N'êtes-vous pas frappé de voir combien de gens font de plus en plus de choses à la fois ? Et que cette idée soit si souvent présentée, dans la publicité et dans beaucoup de médias, comme un idéal à atteindre ? Si vous observez seulement le spectacle de votre ville, vous verrez un grand nombre de gens téléphoner sur leur portable et manger un sandwich en marchant dans une rue piétonne – tout cela en même temps ! Dans les restaurants aussi, de plus en plus de gens picorent dans leur assiette d'une main tout en tapant un SMS sur leur portable de l'autre, tout cela sans cesser de parler avec leur vis-à-vis. Être assis sur la plage avec un ordinateur portable, ça aussi, c'est une image idéale – travailler et profiter de la nature en même temps, quel exploit !

Une chaîne américaine de restaurants nous donne un exemple de la façon dont on peut pousser à l'extrême l'idée de simultanéité. Dans chaque établissement, des spots publicitaires bruyants et variés et des « making-of » des derniers films tournés à Hollywood défilent sur de grands écrans placés sur les murs. Le client doit donc, au milieu de tout cela, manger et discuter avec ses compagnons de table. De ce fait, non seulement on ne comprend pas grand-chose des films qui passent, mais on n'a pas vraiment conscience de ce qu'on mange, ce qui n'est peut-être pas très bon, ni pour la santé, ni pour le plaisir. De plus, on ne peut guère avoir une conversation suivie, parce que l'attention de chacun est régulièrement attirée par les images qui se renouvellent sans cesse sur les écrans. Résultat : dans ces endroits, on fait au moins trois choses à la fois, mais aucune correctement.

Comme on disait autrefois : Ce que tu fais, fais-le bien, et fais-le jusqu'au bout. Ne fais que cela, et rien d'autre. Que ce soit lire un livre ou balayer, peu importe. Soyons honnêtes : l'être humain n'est pas indéfiniment « multitâche », tel un ordinateur capable d'exécuter cinq commandes à la fois. Et il n'a pas besoin de l'être ! Pour vivre *less*, il importe d'essayer de se remettre à faire les choses de façon cohérente, les unes après les autres, au lieu de vouloir tout faire en même temps. Commencez par regarder votre messagerie, et ensuite, vous mangerez avec tous vos sens. De cette façon, vous disposerez pour chaque activité de toute votre énergie et de toute votre attention. Ce n'est que comme cela que vous en profiterez pleinement.

Stockage et boulets aux pieds

« On ne sait jamais, ça peut encore servir… » Voilà l'une des méthodes les plus sûres pour remplir son espace vital, lentement mais sûrement, de tout un fatras d'objets et de matériels. D'accord : nous sommes tous plus ou moins logés à la même enseigne pour ce qui est de ce comportement. Derrière la tendance à stocker, il y a un instinct vieux comme le monde, celui de faire des réserves. Mais, dans le monde d'aujourd'hui, l'idée d'accumuler indéfiniment n'a souvent plus beaucoup de sens. Vous pouvez pratiquement tout racheter – en particulier avec Internet – le jour où vous en avez de nouveau besoin. Si vous ne le croyez pas, faites donc l'expérience d'entrer sur le moteur de recherche eBay quelques objets dont vous pensez qu'il serait très difficile de vous les procurer à nouveau : vous trouverez certainement la plupart d'entre eux.

Laissez tomber ce qui est plus une charge qu'un plaisir

En dehors de la fâcheuse tendance au stockage, posséder peut être gênant d'une autre façon : en nous prenant plus que cela ne nous rapporte. C'est souvent le cas avec les biens matériels – par opposition aux services, voyages et autres biens immatériels. Les objets traînent partout, ils prennent de la place, il faut toujours les ranger ou les chercher, ils demandent des soins, coûtent de l'argent, donnent envie d'avoir d'autres objets, ne cessent de se casser, vous obligent à étudier des notices d'utilisation incompréhensibles, sans compter qu'ils peuvent être volés, susciter l'envie de votre prochain, devenir obsolètes d'une façon ou d'une autre, etc., etc.

Songez seulement à ce monstre que la plupart d'entre nous possèdent, et qui prend tant de place dans notre vie en temps, en argent et en soucis : la voiture. Elle entraîne toutes sortes de conséquences. Des versements mensuels, parce que vous l'achetez en leasing ou à crédit, ou, mieux, parce que vous mettez de côté chaque mois la somme correspondant à la valeur qu'elle perd. L'entretien. La réparation des petits dégâts, comme les rayures sur la carrosserie. Votre responsabilité – quand on vous demande : « C'est à vous, cette voiture ?! » La place de parking. Toutes les choses dont il faut s'occuper : contrôle technique, contrôle de pollution, changer les pneus d'hiver pour ceux d'été et vice-versa… La convoitise que votre véhicule suscite peut-être chez nombre de vos contemporains, soit ouvertement – les regards mauvais à vos phares –, soit plus sournoisement : « Ah, vous vous êtes offert le modèle cabriolet ? Vous ne craignez pas les problèmes d'étanchéité ? » Ou encore le stress en conduisant : observez le nombre de gens qui passent littéralement toute leur énergie à pester contre les autres usagers de la circulation.

En plus de tous ces inconvénients, posséder des biens matériels peut aussi devenir un fardeau à cause de l'attention constante que cela exige, du temps que nous consacrons à certains objets dans nos actes, nos paroles et nos pensées. Par exemple – pour en rester à l'automobile – quand on se demande pour la énième fois, le soir avant de s'endormir, de combien on pouvait dépasser la vitesse limite lorsqu'on a été flashé par le radar. Ou quand, lors d'un rendez-vous chez le médecin, on ne tient pas en place parce qu'on s'est garé en stationnement interdit – offrant ainsi aux contractuelles une tentation à laquelle il leur sera difficile de résister.

Même ce que nous avons dans la tête peut nous encombrer. Par exemple nos préjugés : ils ne font que nous empêcher de reconnaître des vérités, de découvrir des nouveautés, d'élargir notre horizon. Si quelqu'un pense que « l'Italie, c'est sale, bruyant et cher », il est probable qu'il ne pourra voir ce pays qu'à travers ces verres déformants, ou même qu'il ne prendra jamais la peine de s'y rendre. Ce faisant, il manquera à coup sûr le pays qui abrite tant de trésors de la culture européenne, un pays qui, dans l'Antiquité, a influencé une grande partie de l'Europe et qui l'influence encore, un pays dont la population donne encore tant de bons exemples de ce que peut être une vie *less* – et surtout du plaisir qui y est associé.

Passez en revue vos possessions en pensant à tout cela. Pour chacun des objets litigieux, établissez une sorte de bilan coût. Bénéfice. Mettez d'un côté ce qu'il vous apporte, de l'autre ce qu'il vous coûte et ce que vous devez sacrifier pour lui : argent, stress, temps, expériences que vous ne pouvez pas faire, un peu de votre liberté, etc. Si, une fois l'addition faite, vous trouvez le passif trop lourd, éliminez sans pitié tout objet auquel vous pouvez effectivement renoncer de bon cœur et sans problème. Savourez le sentiment soudain de liberté que cela vous procure.

Mieux vaut réfléchir trop que pas assez

Lorsqu'un achat ou une décision représente pour vous un engagement à long terme, il vaut mieux prendre le temps de réfléchir avant d'agir. Il y a bien assez de gens sans vous qui sont sur la brèche à longueur d'année avec leurs trois chiens, leurs deux voitures, leur grand jardin et l'appartement qu'ils donnent en location. Plus vous êtes lié solidement et à long terme à une chose, plus cela risque de vous coûter cher de vous en débarrasser – le jour où vous vous apercevrez que vous n'en voulez vraiment plus. Voyez combien de gens ont toutes les peines du monde à revendre ce qui, quelques mois plus tôt, paraissait indispensable à leur bonheur ! Par exemple le loft acquis à prix d'or, mais où il fait trop chaud l'été, et qu'on ne peut plus vendre aujourd'hui qu'à perte. Ou le placement présenté comme un modèle d'épargne sûre, et qui n'a plus aujourd'hui qu'une valeur dérisoire. Quant au tatouage branché sur l'épaule, il peut devenir d'autant plus fâcheux qu'entre-temps, tout le monde s'est fait faire le même.

La spontanéité est certes considérée aujourd'hui comme une vertu. Mais, chaque fois qu'une décision doit vous engager à long terme, examinez-la simplement d'un peu plus près. Dormez dessus plusieurs nuits. Ne la laissez pas troubler votre paix intérieure. C'est précisément lorsque vous envisagez l'achat d'un bien matériel que les émotions ne doivent pas s'en mêler : cherchez si vous n'êtes pas sous l'influence de quelque « suggestion » intérieure, et demandez-vous si cela ne peut pas cacher autre chose. Commettre une erreur de jugement lorsque vous prenez un engagement important et durable peut vous empêcher pour des années de mener une vie *less*. Tout cela parce que vous aurez signé un peu vite, parce que vous vous serez laissé entraîner, ou même simplement « parce que tout le monde fait comme ça ». De plus, votre proche entourage – parents, frères et sœurs, conjoint – vous sera toujours reconnaissant d'avoir réfléchi avant de prendre une grande décision. Car, dans ce cas, une erreur a presque toujours des conséquences pour vos proches aussi. Par exemple si, à cause de cela, vous êtes souvent de mauvaise humeur. Ou même tout simplement « fauché ».

Et puis, qui a dit qu'il fallait toujours être propriétaire ? Il vaut souvent beaucoup mieux se contenter de louer. Vous rêvez de vivre à la campagne ? Commencez par louer une petite maison dans un village, et voyez si c'est aussi bien dans la réalité que dans vos rêves. Vous avez envie de rouler en 4 x 4 ? Louez-en un ! On trouve aussi maintenant des pianos en location-vente. Savourez la sensation que procure le simple usage d'une chose dont on n'est pas en même temps forcé d'assumer la charge et la responsabilité. Il est possible de vivre ainsi beaucoup de grandes choses avec tous les agréments du « moins c'est mieux ».

Ceux qui vous influencent

Vous avez envie de vous acheter une nouvelle robe, ou une montre neuve : essayez de vous demander d'où a pu vous venir cette idée. L'avez-vous vraiment eue toute seule ? Ou bien est-ce cet article de magazine qui vous a convaincue que vous ne pourriez plus sortir de chez vous sans la nouvelle tenue qui fera fureur ce printemps ? Mais les articles et les annonces publicitaires sont loin d'être les seuls tentateurs à nous cerner jour après jour. Pensez à tous ceux et celles qui, parmi vos connaissances, veulent toujours savoir quelle marque vous portez. Quant à cette collègue de travail si bien habillée, et qui, en réalité, ne se soucie peut-être absolument pas de ce que portent les autres, c'est vous qui, en la voyant, vous demandez régulièrement si vous ne devriez pas vous acheter quelque chose.

Il vous sera plus facile de changer de vie si vous commencez par vous affranchir de toutes les sources de tentations inutiles. La télévision vous présente « les voitures vedettes du salon de l'Auto » ou « les boutiques favorites des nouvelles stars de Hollywood » ? Zappez aussitôt ! Mieux encore, éteignez le poste pendant un moment. Les magazines de mode en tout genre traitent souvent bien davantage de nouveaux produits que de vrais sujets. Parfois, on n'y trouve pas une seule page qui ne soit une incitation à de nouveaux achats : « … élégant tailleur sport, vu chez XY pour 832 euros… » Évitez ce genre de magazine, au moins pour quelque temps. Plus tard, quand vous les feuilletterez à l'occasion chez le dentiste ou chez le coiffeur, vous détecterez sans peine les attrape-nigauds qui vous guetteront entre les lignes.

Les gens qui vous entourent peuvent aussi vous suggestionner. Avez-vous des amis ou des collègues de travail qui vous parlent chaque jour des lieux « branchés » du moment pour sortir le soir ou pour partir en vacances, ou du nouveau sport à la mode ? Si vous avez le sentiment que certaines de vos connaissances ne pensent qu'à consommer – et ne comprendraient jamais votre nouveau style de vie *less* –, n'hésitez pas à les voir moins souvent. Ne vous inquiétez pas : en pratiquant le « moins c'est mieux », vous aurez tant d'occasions d'expériences positives que ces gens ne vous manqueront pas longtemps. Ne serait-ce que parce que, dans peu de temps, vous aurez sans doute beaucoup changé. À leur place, vous rencontrerez certainement de nouveaux amis qui regarderont autre chose chez vous que la marque de votre voiture.

Dans cette énumération, il ne faut pas oublier une autre source de suggestion : vous-même ! Dans votre façon de penser, il y a déjà à votre insu une grande part d'opinions qui vous viennent d'autres personnes, des médias ou de publicités tentatrices. Peut-être même obéissez-vous souvent par anticipation à ces injonctions, en vous disant que vous n'avez « plus rien à vous mettre », que votre portable est vraiment dépassé, ou que quelqu'un dans votre position devrait avoir une autre voiture. Dans la réalité, il est peu probable que qui que ce soit vous trouve vraiment « minable » ou complètement ringard, et pourtant, vous n'êtes pas sûr de vous, vous craignez de perdre vos relations. Il faut donc vous méfier tout autant de l'autosuggestion, et cesser de croire que vous ne pouvez rester « dans le coup » qu'en consommant « bien ». Si vous pensez *less*, vous n'avez pas besoin de recourir à des moyens aussi aléatoires pour développer une vraie confiance en vous.

Prenez conscience de l'influence des médias et de la publicité

Si vous n'êtes pas dans une situation financière particulièrement difficile, vous possédez probablement déjà tout ce dont vous avez réellement besoin. Un toit au-dessus de votre tête. Un lit pour dormir. Assez pour boire et manger à votre faim. L'équipement de base en électronique de loisir et de communication – télévision, téléphone, portable. Des livres à lire. La presse quotidienne. De quoi aller de temps en temps prendre un café avec des amis.

Interrogez des spécialistes du marketing, des chefs d'entreprise, des directeurs commerciaux – de préférence un soir au bar, après leur troisième verre, quand leur langue se délie et qu'ils sont moins sous l'emprise du jargon qu'ils emploient toute la journée pour défendre leurs produits. Ces décideurs ne tarderont pas à vous le dire : en réalité, la plupart des marchés sont aujourd'hui saturés. Complètement bouchés. Presque tout le monde a une voiture, un portable, un lecteur de CD, une table, un lit, une montre – et souvent en plusieurs exemplaires. Dans les pays industrialisés occidentaux, la plupart des besoins matériels sont satisfaits et ont pratiquement atteint un plafond. Nous n'avons plus réellement *besoin* de quoi que ce soit.

Dans beaucoup de branches, le gros du travail consiste donc à créer artificiellement de nouveaux besoins. C'est pourquoi on essaie de vous convaincre qu'il vous manque quelque chose. Ce qui serait encore acceptable jusqu'à un certain point. On veut bien se laisser convaincre d'acheter de temps en temps. Peut-être même l'objet vous plaira-t-il réellement. Ou bien il répondra à un besoin réel. Avec le portable, par exemple, il est bien commode de pouvoir passer quelques coups de fil pendant ses déplacements.

Le problème, c'est qu'aujourd'hui nous sommes soumis comme jamais à un feu roulant d'incitations à consommer. Et que nous ne le voyons pas toujours.

Il ne s'agit pas seulement de la publicité – la plupart du temps si insipide qu'il est facile de zapper ou de tourner la page. Aujourd'hui, ceux qui, entre les lignes ou même directement, font en sorte que nous ne manquions jamais de désirs à satisfaire, ce sont les moyens d'information eux-mêmes : chaînes de télévision, revues, radios, magazines sur Internet – du moins ceux d'entre eux qui ont fait discrètement leurs adieux au journalisme classique. Et ce ne sont pas les moins nombreux.

Dans le même temps, la frontière entre publicité et journalisme est devenue particulièrement poreuse, comme le montre très clairement la lecture de n'importe lequel des innombrables magazines féminins ou des nouveaux magazines pour hommes. Dans la plupart de ces revues, les produits sont mis en valeur si crûment qu'un article sur deux mériterait l'étiquette « publicité ». Cette manière de créer des besoins se remarque également à la télévision. Quand les choses se passent à peu près correctement, on appelle cela, par exemple, « placement de produit » – des produits ou des marques sont introduits dans l'action de telle sorte qu'on apprend comme par hasard, mais sans erreur possible, le nom du fabricant de chaussures attitré de l'actrice principale.

Mais, bien souvent, il ne s'agit même pas d'un produit particulier. Le battage médiatique autour de tendances, d'images idéales ou de personnages « people » peut suffire à amener subitement des classes d'âge ou des groupes sociaux entiers à s'équiper en tel type de produit ou à pratiquer des activités qui ne leur seraient jamais venues à l'idée si la presse et le petit écran n'en avaient pas lancé la mode du jour au lendemain. Cela ne passe d'ailleurs pas nécessairement par des articles dithyrambiques ou par des listes de produits « incontournables ». Même les manchettes indignées des journaux à grand tirage et les « révélations » des magazines télévisés contribuent directement ou indirectement à répandre des pratiques plus ou moins contestables, comme la chirurgie des seins, les vols à bas prix, les dents « encore plus blanches » ou les produits miracles pour maigrir. L'ennui, c'est que nous ne sommes pas vraiment immunisés contre ce genre d'influence sournoise, parce que le point de vue de la presse garde malgré tout une certaine aura de sérieux et de crédibilité.

À cela s'ajoute le facteur de masse : un seul petit article sur le dernier régime à la mode – avec produits coûteux et cours d'initiation à la clé – peut encore vous laisser froid. L'effet commence à se faire réellement sentir quand le même message est repris régulièrement par un grand nombre de médias sur une longue période. Il ne fonctionne véritablement à plein que depuis la diversification extraordinaire de la presse écrite, des stations de télévision et de radio et des forums sur Internet – donc depuis qu'une meute médiatique toujours plus nombreuse se jette en même temps sur les mêmes sujets. L'effet induit est d'autant plus rapide que la plupart des journaux et des stations échangent facilement des sujets entre eux. Quand, pendant des semaines, on entend parler de tous les côtés du « brûleur de graisses X » – bien sûr « nouvellement arrivé des États-Unis » –, pour peu que le sujet soit aussi à l'ordre du jour des conversations entre amis, à la longue, on peut finir par se demander pourquoi on n'a pas encore essayé soi-même.

C'est selon le même principe que Halloween, par exemple, s'est installé en peu d'années comme un événement incontournable. Désormais, chaque 31 octobre, nous sculptons des masques dans des potirons évidés et nous nous rendons à la fête la plus proche en agitant nos chaînes comme si nous n'avions jamais rien fait d'autre de toute notre vie. Pourtant, il n'y a pas si longtemps, le concept même de Halloween n'était connu que d'une petite communauté d'amateurs de films d'épouvante. Quelque part dans les années 1990, à la suite de voyages aux États-Unis, on a commencé à organiser dans les discothèques à la mode de certaines grandes villes d'Europe des « Halloween parties » agrémentées de soupe au potiron et de décors effrayants. Ce spectacle n'a pas tardé à apparaître comme la solution pour mettre un peu d'ambiance dans les chaumières, en cette fin d'automne où les fêtes des morts et les journées du souvenir rendent l'atmosphère un peu triste. Ensuite, il n'a fallu que quelques années pour que le sujet devienne un marronnier médiatique qu'on nous ressert à toutes les sauces – des conseils de déguisements aux suppléments de huit pages avec recettes de courge et menus Halloween sans lesquels aucun magazine féminin n'oserait plus paraître aujourd'hui.

Pour ne pas être constamment soumis à ce déluge de « sujets », il n'y a qu'une solution : réduisez votre consommation médiatique – et soyez d'autant plus fidèle aux rares sources d'information qui n'ont pas encore tout à fait renoncé au journalisme classique.

Filtrez l'information selon vos propres critères

Essayez de filtrer sciemment les nombreuses informations qui vous parviennent. Vous n'êtes pas obligé d'absorber tout ce que vous proposent jour après jour les quotidiens, la télévision, l'Internet, les revues spécialisées, et les autres en général. Même si tout a l'air tellement important. Au contraire, il faut plus que jamais filtrer, sans quoi nous risquons, à la longue, d'avoir la tête farcie d'informations inutiles.

Pour éviter cela, prenez régulièrement les devants. Constituez-vous, lentement mais sûrement, un savoir qui vous aidera à mieux vous repérer dans l'existence. Une bonne culture générale, par exemple, aide énormément à organiser une grande partie de l'information, en particulier les événements historiques ou d'actualité. Revenez toujours aux fondements de ce qui constitue notre société : histoire, littérature, arts, philosophie, religions du monde, politique, culture populaire, sciences et techniques, économie. Si vous connaissez tout cela dans les grandes lignes, avec les questions essentielles et leur évolution, c'est déjà très bien.

Au fil du temps, cela vous permettra d'acquérir une meilleure compréhension des sujets qui comptent vraiment pour vous, c'est-à-dire ceux qui ont une incidence à la fois sur votre vie et sur les événements du monde qui vous entoure. Par exemple, vous apprendrez quelles influences ont pesé sur votre culture, sur celle de vos origines, sur l'histoire de votre famille, pourquoi votre société fonctionne sur ces valeurs-là et pas d'autres, ou encore pourquoi vous voyez les choses de telle et telle façon selon votre origine.

Les pièges de la vie publique

Même les gens intelligents, modernes et éclairés ne sont pas à l'abri de l'influence que la foule peut exercer sur eux. Sans aller jusqu'aux hordes de hooligans qui en viennent aux mains après un match de football – alors que, dans la vie courante, ils ont peut-être femme et enfant, et un métier tout à fait honnête –, il suffit d'observer les gens à la sortie d'un grand événement sportif, lorsque leur équipe a perdu : soumis à la dynamique de groupe d'une foule aux mille têtes, ils éprouvent la même détresse que si cette défaite avait quelque chose à voir avec leur propre vie, avec leur vrai moi.

Entrez dans un centre commercial rempli de monde, lorsque la « fièvre acheteuse » bat son plein, et essayez de ne rien acheter. Ou seulement de rester aussi détendu que vous l'étiez en sortant de chez vous, même entouré par la frénésie collective de ce temple de la consommation. Pas si facile !

Il vaut donc mieux, si vous voulez organiser votre vie selon le principe « moins c'est mieux », vous tenir le plus souvent possible à l'écart des foules et des « effets de masse ». L'idée – le plus souvent inconsciente – selon laquelle la décision prise par une foule serait toujours la bonne repose sur un raisonnement fallacieux. En effet, que « tout le monde » fasse une certaine chose ou que beaucoup de gens fréquentent un lieu donné n'est pas automatiquement un gage de qualité. Parfois, cela prouve seulement que beaucoup de gens se contentent de suivre aveuglément « les autres » après les avoir laissés peser le pour et le contre. À petite échelle, on peut facilement observer cela en vacances : s'il y a deux restaurants l'un à côté de l'autre sur un front de mer et si l'un des deux est encore vide alors que quelques personnes sont déjà attablées dans l'autre, la plupart des nouveaux arrivants vont se diriger vers le restaurant où des tables sont occupées, même si on n'y mange visiblement pas très bien.

Soyez aussi anonyme que possible

Un autre phénomène de la vie en société est que de plus en plus de gens rêvent de faire un jour parler d'eux d'une façon ou d'une autre, en grand ou en petit. Comme politicien local, mannequin, pop-star ou grand patron. Cela n'a rien d'étonnant, quand les médias chantent à longueur de temps les louanges de la célébrité. Mais vous disent-ils aussi ce que cela signifierait pour vous d'être connu de *tous* du jour au lendemain ? Si vous deveniez une personne publique, si les passants vous arrêtaient dans la rue pour vous donner leur avis sur ce qu'on dirait de vous à la une des journaux – à supposer que vous osiez encore sortir pour vous promener ?

Ne vous laissez pas abuser par le culte de la célébrité : là aussi, moins c'est mieux ! La plupart des gens ont tout intérêt à rester aussi anonymes que possible en public, s'ils veulent pouvoir mener une vie calme et équilibrée. Être sous les feux de la rampe exige une stabilité que nous ne pouvons pas toujours imaginer, nous autres « inconnus ». Avez-vous déjà eu l'occasion de remarquer avec quel acharnement la presse et le public poursuivent même les vedettes de second ordre ?

Savourez donc d'autant mieux la différence avec votre propre vie : personne pour vous espionner, et surtout pas une cohorte de journalistes de plus en plus sans-gêne. Personne pour commenter sans y être invité vos faits et gestes et jusqu'à votre vie privée : « Ce n'est vraiment pas gentil, ce que vous avez dit là sur votre femme ! » Personne pour vous attraper par la manche au restaurant ou vous photographier en cachette au supermarché.

Vous n'avez pas non plus à subir l'expérience étrange de rencontrer de parfaits inconnus qui, s'étant fait une certaine idée de vous, vous déclarent, tout déçus : « Comment ça se fait que vous soyez si sérieux ? À la télé, vous êtes bien plus marrant ! »

Cela peut être encore plus éprouvant pour vos nerfs si vous êtes connu pour une particularité bien précise. Par exemple, si le public vous connaît comme quelqu'un qui lance les nouvelles tendances de la mode, votre réputation peut en prendre un sérieux coup le jour où un photographe de journal à scandale vous surprend en vieux survêtement à la pompe à essence. Ou bien, si vous êtes connu comme un défenseur de la vie saine et un modèle pour la jeunesse de votre pays et que la fantaisie vous prenne d'allumer un cigarillo dans une réception, pour peu que le journaliste mondain « Œil-de-lynx » surgisse près de vous juste à ce moment-là, vous en avez pour le reste de la soirée à voir danser devant vos yeux les gros titres qui commenteront votre dérapage le lendemain.

Réjouissez-vous plutôt d'avoir une vie privée paisible. C'est un bien précieux, et que vous ne pourrez pas retrouver si facilement après y avoir renoncé une première fois. Souvent, les énormes cachets des stars sont plutôt un dédommagement pour la perte de leur intimité. Demandez à des personnages publics si c'est vraiment si agréable de ne jamais pouvoir se défaire de ce qu'ils appelaient autrefois de leurs vœux. Pensez par exemple aux « suiveurs », ces admirateurs qui accompagnent partout leur idole, et qui ne sont pas toujours parfaitement inoffensifs.

Être inconnu de tous a donc ses avantages. Les autres vous respectent davantage. Les faux amis s'en vont, les vrais restent près de vous. Et vous n'aurez pas à affronter la dureté de la chute le jour où, peut-être, vous quitterez les feux de la rampe. Le jour où on retirera le tapis rouge de sous vos pieds pour le dérouler devant quelqu'un d'autre.

3

Acheter,
votre plus beau loisir ?

*« Que de choses dont
je n'ai pas besoin ! »*
Socrate se promenant dans le marché d'Athènes

« Achetez malin ! » Reconnaissons-le, ce slogan nous
a fait beaucoup courir… Aujourd'hui, des cadres en
costume-cravate peuvent faire le siège d'un magasin
« discount » rien que pour se procurer un exemplaire
du radio-réveil vendu en promotion à un prix sensa-
tionnel. Alors que, la veille encore, ils ne se doutaient
même pas que ce miracle de la technique leur était
indispensable. Nous aimons bien aussi, pour économiser deux ou trois euros sur des serviettes de toilette,
faire toutes les grandes surfaces l'une après l'autre, et
marchander avec les vendeurs en agitant les feuilles
où nous avons imprimé les résultats de nos recherches
de prix sur Internet. Tant pis si cela nous ajoute près
de cent kilomètres au compteur, si nous y passons une

demi-journée et si nous rencontrons dans les rues et dans les magasins mille personnes qui ont eu la même idée que nous. Même pour la nourriture, nous avons pris l'habitude d'avoir pour premier critère non plus le goût, mais le prix le plus avantageux. Nous avons ainsi oublié, hélas, ce que pouvait être le goût d'une vraie tomate, d'une bonne baguette ou d'un honnête morceau de viande.

De plus, il nous arrive bien souvent d'acheter un article simplement parce que nous nous sentons d'humeur « acheteuse », ou parce que telle chaîne de boutiques de torréfaction le propose en ce moment dans ses rayons. Qu'importe si nous avons suffisamment de lampes de chevet ou de trousses de toilette à la maison ! Quant au ravissant aspirateur de table, il servira au maximum deux fois avant d'être relégué au placard – s'il reste de la place entre le grill rotatif, le pot à olives en grès et la Chi-Machine[3].

Et si jamais nous nous lassons de nos centres commerciaux et de nos galeries marchandes, nous pouvons, d'un coup d'aile, aller remplir nos sacs à provisions au marché de Noël de New York, ou même dans ce nouveau paradis du shopping qu'est Dubai. Il y a déjà une bonne vingtaine d'années, l'artiste américaine Barbara Kruger intitulait *I shop, therefore I am* (« J'achète, donc je suis », paraphrase bien sûr de Descartes) l'une de ses œuvres les plus célèbres. En 2002, elle a enveloppé la façade d'un grand magasin de la principale rue commerçante de Francfort de cette inscription géante sur plastique transparent : « Tu l'aimes, tu en rêves, tu en as

---

3. Appareil pour masser les zones réflexes des pieds. (N.d.T.)

besoin, tu le veux, tu l'achètes, tu l'oublies. » Ou tu le mets dans le placard, pourrait-on compléter. Avec les autres objets rapportés lors de tes précédents accès de fièvre acheteuse.

Faites une liste de ce que vous voulez acheter

Vous voulez acheter « moins c'est mieux » à l'avenir ? Prenez une décision bien simple : dorénavant, vous n'achèterez plus que ce dont vous avez réellement besoin ou envie. À l'âge des centres commerciaux, des achats par Internet, du téléachat et de la publicité qui nous suit jusque dans les rayons des magasins, c'est une maxime essentielle. Si vous avez vraiment du mal à faire la différence entre vos désirs authentiques et les besoins qu'on vous a inculqués, vous pouvez vous aider d'une méthode très efficace : ayez chez vous une liste sur laquelle vous noterez régulièrement toutes les choses que vous souhaitez acheter, petites ou grandes, à mesure que vous y penserez. Avant de sortir pour faire vos achats, jetez d'abord un coup d'œil sur cette liste qui résume toutes vos envies. En les passant en revue, vous en trouverez sûrement quelques-unes qui, tout compte fait, ne vous paraîtront plus aussi importantes. Vous pourrez donc déjà rayer un certain nombre de choses, simplement parce que votre désir de les avoir n'était pas très sérieux. Cette seule petite ruse vous évitera ensuite la contrariété d'avoir chez vous des objets dont, en fait, vous n'aviez nul besoin.

Emportez la liste avec vous quand vous faites des courses. Elle vous aidera à acheter de plus en plus souvent uniquement ce que vous vouliez vraiment, et à éviter ces « achats d'impulsion » dont, bien souvent, on ne commence à se demander qu'une fois rentré chez soi ce qu'on va bien pouvoir en faire. Le plus simple est de toujours emporter cette liste avec vous, même quand vous partez pour acheter seulement un objet précis. Car il est bien rare de ne pas tomber au passage sur tel ou tel article qui nous plaît. Avec votre petite liste en poche, vous pourrez vérifier à tout moment si vous n'êtes pas sur le point de vous livrer à l'un de ces achats d'impulsion parfaitement inutiles, ou si, au contraire, vous pouvez y aller de bon cœur et sans arrière-pensée.

L'occasion fait le larron ? Non merci !

Attention, bonne affaire ! C'est parfois un rabais séduisant qui nous pousse à acheter – un nouvel objet qui, une fois chez nous, réclamera lui aussi sa place, de l'attention, des soins, et bien d'autres choses. Alors que, normalement, nous ne l'aurions pas acheté du tout. Si seulement il n'avait pas été si bon marché ! Chaque fois que l'une de ces prétendues bonnes affaires vous sourit, demandez-vous, par exemple, s'il est vraiment possible de fabriquer un objet d'une qualité raisonnable à ce prix-là. La plupart du temps, cela suffira à vous ramener sur terre. Qu'il s'agisse d'un outil en ordre de marche, d'un bon vin, de couteaux de cuisine qui coupent ou d'un téléphone sans fil qui ne grésille pas, la qualité, un conseil qualifié et un service après-vente correct ont généralement un prix. Ce n'est pas par hasard qu'un vieux principe économique dit : il n'est rien qu'un autre ne puisse produire un peu plus mal pour un peu moins cher.

Souvent, il n'est pas mauvais de laisser reposer l'idée quelques heures, voire quelques jours, malgré les prix attractifs. Ensuite, réexaminez à la loupe l'offre en question. Entre-temps, l'exaltation fiévreuse suscitée par la bonne affaire sera retombée, vous aurez pu réfléchir tranquillement à tout cela. Si vous achetez cet objet maintenant, ce sera probablement parce que vous en avez réellement besoin. Et s'il n'y en a plus ? Pas d'inquiétude : songez au nombre de fois où vous avez vu des objets du même genre vendus en promotion un peu partout.

Les ensembles « tout pour… » : bas les pattes !

Un autre piège particulièrement sournois, ce sont les « assortiments ». Les magasins de bricolage et les grandes surfaces en sont une vraie mine : le service de dix-huit couteaux à fruits, l'ensemble de salle de bains « Elle et Lui », la collection complète des trente outils pour jardiner à l'anglaise – l'imagination des « assembleurs » est sans limites. De plus, assez souvent, ces articles sont placés près des caisses ou des escaliers roulants pour qu'on les prenne plus facilement par impulsion. Je vous l'accorde, les « ensembles » exercent une attraction irrésistible sur l'atavisme de collectionneur de l'être humain. « Tout ça pour si peu d'argent ! », se réjouit l'enfant en nous. Pourtant, il vaut mieux laisser de côté ces belles panoplies. La plupart du temps, les articles qui les composent sont de qualité médiocre et ne durent pas longtemps. Un jour ou l'autre, vous devrez en racheter d'autres plus « raisonnables ». Une autre caractéristique des ensembles est qu'ils comportent toujours une part d'objets dont on n'a pas besoin et qui ne font que nous encombrer. Lorsque vous achetez des ustensiles de cuisine, par exemple, cherchez plutôt dès le départ un bon fabricant de produits de haute qualité, et achetez progressivement ce dont vous avez réellement besoin.

Jetez les bons de réduction

Une autre façon de vous faire acheter des choses dont vous n'avez pas toujours besoin, ce sont les « suppléments gratuits ». Par exemple les objets qu'on vous donne en plus de vos achats lorsque vous avez atteint un certain nombre de « points cadeaux ». Vous possédez peut-être aussi une carte de fidélité ou un petit carnet où vous accumulez docilement les points à chaque nouvel achat. Si vous êtes un fou du shopping (ou si vous roulez 50 000 km par an) et si vous n'oubliez jamais votre carte ou votre petit carnet, il y a un cadeau formidable à la clé. À condition d'avoir de la patience. Parce que, le temps d'avoir amassé assez de points pour avoir droit à quelque chose, vous aurez souvent dépensé une petite fortune.

Et le jour où vous rentrerez à la maison avec le cadeau tant convoité, en déballant l'ensemble de trois valises gigognes ou le moulin à poivre électrique avec éclairage incorporé, vous constaterez bien souvent que vous n'auriez pas forcément acheté ça de vous-même. La qualité n'est peut-être pas aussi belle que ne le laissait croire la photo sur la couverture du carnet. Mais c'est parfois aussi l'occasion de se rendre compte qu'on cherche à titiller notre instinct de chasseur, et que nous n'avons vraiment pas besoin de tous ces gadgets. Appréciez plutôt la liberté qui vous est laissée de ne jamais avoir à vous demander ce que vous ferez du VTT « made in China » auquel vous aurez enfin droit après avoir collectionné des points pendant deux ans. En laissant tomber les cartes de réduction et de fidélité, vous vous préservez en outre du risque de surchauffe inutile de votre humeur acheteuse. Au magasin de bricolage ou à la station-service, vous ne serez tout simplement pas tenté de faire éventuellement un gros achat dans le seul but de faire monter le plus vite possible votre total de points.

Pensez au temps que vous perdez à chercher moins cher

Même lorsqu'il s'agit de faire un achat qui nous tient vraiment à cœur et auquel nous avons mûrement réfléchi, au lieu d'aller droit au but, nous pouvons encore être tentés de faire les malins. Par exemple en cherchant où l'on peut trouver l'objet en question au meilleur prix. Pour cela, même des professionnels avertis, bien informés de ce qu'est le rapport coût-bénéfice, sont capables de passer des heures à surfer d'un vendeur sur Internet à l'autre ou à braver la cohue des centres commerciaux. Pour finir par économiser dix euros sur une montre, on aura sacrifié non seulement plusieurs heures, le prix de l'essence, du stationnement ou des transports en commun, mais aussi une bonne dose d'énervement. Si, d'une façon ou d'une autre, l'addition vous paraît trop élevée, recourez plutôt à une stratégie très simple : fixez-vous une limite au temps que vous acceptez de consacrer à la recherche de la meilleure offre d'un article donné. Par exemple, donnez-vous au maximum deux heures. Ce délai écoulé, allez au magasin ou sur le site Internet où, jusque-là, vous avez vu le produit recherché au prix le plus avantageux. Dans un magasin, d'ailleurs, vous pourrez toujours discuter avec le vendeur pour obtenir un petit rabais. Si ça marche, réjouissez-vous. Sinon, achetez quand même – et passez le reste de la journée à profiter tranquillement de votre nouvelle acquisition.

Super, il n'y a pas le choix !

Connaissez-vous l'espèce de découragement ou même d'abattement qui peut s'emparer de nous devant le choix proposé dans un supermarché ou une grande surface d'électroménager, même des plus modestes ? Pour la moindre bricole, il y a je ne sais combien de fabricants, et d'innombrables variantes, tailles, goûts, habillages, etc. Déjà, notre petit ordinateur interne tourne à plein régime : 16 bits ou 32 ? Jaune Majorque ou vert irlandais ? Extra-large ou classique ? Avec « vitamines de croissance » ou sans ? En paquet économique ou à recharger ? Light, Medium ou King-Size ? Avec technologie DD13 ou compatible MP3 ? Croquant ou mou ? De marque ou anonyme ? Après quoi vous voudrez peut-être encore regarder de plus près la liste des ingrédients, les additifs ou la consommation électrique…

Par moments, ça peut être merveilleux de nager dans l'abondance. Mais la plupart du temps, ce serait vraiment un cadeau de ne pas avoir à parcourir tous ces kilomètres de rayons. Achetez délibérément là où le choix n'est pas illimité. Cherchez des magasins un peu plus petits, où vous pouvez avoir assez rapidement une vue d'ensemble des produits proposés et où on ne vous arrête pas tous les deux mètres avec toutes sortes d'autres articles en promotion. Si, malgré tout, vous vous rendez parfois dans l'un de ces grands temples de la consommation que sont les centres commerciaux, limitez-vous autant que possible à un magasin ou à une section. Sinon, fixez-vous une limite de temps à ne pas dépasser. Ne serait-ce que parce que le niveau d'attention d'un être humain commence à décroître, lentement mais sûrement, au bout d'une heure au plus, comme vous pouvez facilement le constater lors d'une conférence. Appréciez pleinement la façon beaucoup plus détendue de faire vos achats selon cette tactique.

Mais pourquoi achetez-vous, au fait ?

Évitez le plus possible d'acheter par ennui ou pour combattre un sentiment de frustration – même s'il nous arrive à tous de le faire de temps à autre. Mais c'est précisément le moyen d'introduire peu à peu dans notre environnement une quantité d'objets qui, à la longue, deviendront un fardeau supplémentaire. Par exemple, la géniale mallette pique-nique en offre spéciale… qui, au bout de deux pique-niques, descendra à la cave pour ne plus en ressortir.

Un autre motif contestable, mais non moins fréquent, pour acheter toutes sortes d'objets, c'est l'idée plus ou moins consciente que l'on va impressionner les autres : « Les voisins (collègues, amis) vont faire une de ces têtes ! » Combien de machines à expresso sont ainsi venues encombrer les cuisines, simplement pour signaler la présence de gens raffinés et connaissant l'art de vivre ? Même si, en réalité, les heureux propriétaires ne sont pas vraiment amateurs d'expresso, et s'ils ne tardent pas à trouver fastidieux les détartrages et le nettoyage compliqué.

Aujourd'hui « tendance », demain à jeter

Tamagotchi, deuxième paire de feux stop à l'arrière des voitures, montres à affichage digital… Combien de gadgets à la mode ont été à un moment ou à un autre considérés comme « indispensables » dans les vingt dernières années ? Pourtant, qui s'en souvient vraiment aujourd'hui ? Où sont passés tous ces objets, souvent fabriqués par millions ? C'est bien simple : dans les poubelles, pour la plupart d'entre eux – ou bien dans cette antichambre de la poubelle que sont les bric-à-brac oubliés dans des tiroirs, des cartons, des caves d'où on les extraira un jour pour s'en débarrasser.

Comparés aux objets d'usage courant, les produits à la mode ont un cycle de vie extrêmement réduit. Leur faveur auprès du public commence par monter en flèche, avant de retomber tout aussi brusquement. Dès qu'un article « tendance » est passé de mode – ce qui ne prend souvent que quelques mois –, il devient difficile de se montrer avec : « Chez Julie, il y a encore ce poisson qui parle accroché au mur – vraiment consternant ! » Autrement dit, même si ce brave objet fonctionne encore parfaitement, on ne peut plus s'en servir. Il est donc relégué parmi les vieilleries, et finira tôt ou tard à la poubelle. Rien que pour cette raison, le gadget type est donc la plupart du temps un déchet avant même d'avoir été vendu. Vous trouvez que je gâche votre plaisir ? À vous de choisir. Dans un tel cas plus encore que dans bien d'autres, le choix du « moins c'est mieux » comporte aussi un aspect moral. Nos ressources sont trop précieuses pour qu'on puisse se permettre de répandre dans la population des millions de produits qui n'auront qu'un temps.

Rayez le shopping de la liste de vos loisirs

Personne ne songe à vous convaincre de cesser vos activités de loisir. Mais il y en a peut-être une qui risque de compromettre votre choix de la simplicité : le shopping. Souvenez-vous : autrefois, on allait dans les magasins quand on avait besoin de quelque chose. Aujourd'hui, il n'est pas rare qu'on le fasse uniquement pour passer le temps. On achète pour se distraire. Hélas, c'est là un plaisir qui fait entrer dans votre vie bien des objets inutiles. Si nous achetons des objets surtout parce que l'essentiel du plaisir réside dans l'acte d'achat lui-même, l'utilité de ces objets passe au second plan. Autrement dit, ce fameux nettoyeur à ultrasons, nous l'achetons pour nous amuser, sans nous soucier sur le moment de savoir si nous allons vraiment nous en servir pour faire le ménage.

Nous ne rentrerons jamais bredouilles de ces raids dans les magasins. Il y aura toujours une bonne affaire pour nous faire de l'œil dans un rayon. Les draps sont en promotion à des prix imbattables ? Nous les prenons, bien sûr, même si nous avons déjà dans nos armoires sept parures de lit que nous n'arriverons pas à user en vingt ans. Dans telle grande surface d'électroménager, un nouveau lecteur de DVD trône avantageusement sur un présentoir ? Il nous le faut, même si l'autel de l'électronique est depuis longtemps complet à la maison.

Il en va de même lorsqu'on se promène entre les innombrables boutiques sur Internet. C'est parfois tout simplement trop tentant : un clic de souris, et l'assortiment de produits d'entretien ou la série de DVD est dans votre panier virtuel ! Même les marchés aux puces que l'on visite sans but précis, pour passer le temps, représentent pour certains une tentation irrésistible pour le collectionneur qui sommeille en eux.

Cela devient encore plus dangereux si vous n'êtes pas seul. Dès qu'on se promène à deux dans les magasins, on passe à la vitesse supérieure. Karine a craqué pour un ensemble de marque dans un premier magasin, Frank met deux cartons de bordeaux dans le chariot. La dynamique de groupe commence à jouer. Si on est plus nombreux, cela peut devenir une orgie acheteuse en règle, chacun voulant faire mieux que l'autre. Peu de gens réussissent à ne rien acheter quand leur meilleur(e) ami(e) traverse un magasin en prenant quelque chose dans chaque rayon. C'est d'ailleurs sur ce phénomène poussé à l'extrême que repose le système des réunions de vente à domicile. Il faut vraiment une grande assurance pour rester de marbre, malgré l'ambiance sympathique, le café et les petits fours, quand votre amie vous explique qu'« avec cette ligne de crèmes, tu verras, c'est tout simple » !

Pourtant, pour occuper votre temps libre, vous ne manquez sûrement pas d'autres idées qui vous amuseraient au moins autant que de faire les magasins par plaisir. Vous voulez quand même vous vautrer de temps en temps dans le monde de la marchandise ? Essayez une solution sans risque, qui ne marchera certes pas avec les boutiques sur Internet, mais au moins avec celles du voisinage : faites une séance de lèche-vitrines le jour où tout est fermé. Comme cela, il y aura déjà une vitre entre vous et toutes ces belles choses. Vous pourrez réfléchir au moins jusqu'au prochain jour ouvrable. Il sera toujours temps alors de vous décider… à moins que vous n'ayez très vite oublié ce que vous convoitiez.

4

Libérez
votre temps libre

« I can't get no satisfaction. »
Mick Jagger

Votre temps libre : ce n'est pas seulement celui que vous passez à faire du sport, à rencontrer des amis ou à faire du bénévolat. C'est aussi votre feuilleton préféré à la télévision, les informations quotidiennes, les longues séances sur Internet. Dans le même temps, vous avez peut-être programmé l'enregistrement d'un DVD, ou bien vous étudiez le mode d'emploi de votre nouvelle machine à laver de dernière génération. C'est là que le téléphone se met à sonner pour vous rappeler votre prochain rendez-vous…

Ne vous laissez pas submerger par les médias

Notre premier geste du matin n'est-il pas d'allumer automatiquement la radio ou la télévision ? Pouvons-nous imaginer un petit déjeuner sans journal ? N'aurions-nous pas un peu l'impression d'être devenus des extraterrestres si nous ne pouvions plus consulter d'un seul coup d'œil les dernières informations sur l'ordinateur du bureau ? Le soir, notre activité préférée n'est-elle pas de nous laisser bercer par la télé ou de nous plonger dans les revues de mode et les magazines branchés ? Tout ça ne peut pas faire de mal, pensez-vous. Peut-être. Mais les informations, les images, les sujets dont les médias d'aujourd'hui nous submergent littéralement sont aussi des produits. Des productions mentales que nous consommons jour après jour, souvent même sans trop nous en rendre compte, mais en quantité toujours plus grande. Qu'il s'agisse des chaussures que préfère en ce moment une célèbre star de Hollywood ou d'un attentat à la bombe, non seulement il existe toujours plus d'émissions télévisées, de périodiques et de forums Internet pour nous informer sur les événements, les hommes et les grands sujets, mais ces informations sont de plus en plus présentes sur les lieux de notre vie quotidienne. Par exemple sur les écrans des quais de gare, ou sur nos portables avec les abonnements aux nouvelles par SMS.

C'est ainsi qu'un déluge d'informations, de pensées et d'idées déferle quotidiennement sur notre vie. Et cela peut devenir fatiguant. Car, même quand nous

nous laissons bercer par la télévision, notre cerveau doit enregistrer, évaluer et commenter séparément chaque information. Est-ce que ça me concerne ? Est-ce que je trouve ça bien ou horrible ? Est-ce que j'aimerais avoir ça moi aussi ? Comment Untel peut-il gagner autant d'argent (et pas moi) ?

De plus, les sujets que les médias nous proposent à longueur d'année ne sont pas toujours sans conséquences sur notre vie. Quelqu'un à qui on montre pendant des semaines, à coups de reportages, de reality-shows et d'articles sur Internet, les avantages des lèvres siliconées ou du dernier gros 4 x 4, peut finir tôt ou tard par en sentir le désir germer en lui/elle – ou par se sentir frustré de ne pas pouvoir se le permettre. Beaucoup de séries cultes réussissent même à inspirer à toute une génération des modèles de rôles qui ne sont pas toujours le fin mot de la sagesse.

Pour comble, même les pires sottises nous sont aujourd'hui présentées comme des événements de première importance : « Les Big-Brother-Stars chez nous : soyez de la fête ! » En tant que spectateur, on peut aussi avoir un peu l'impression d'être pris pour un idiot avec cette nouvelle manie des médias de faire des émissions sur eux-mêmes. Par exemple quand la télévision diffuse au journal du soir un reportage sur ce qui s'est passé le même jour dans le reality-show de la chaîne. Suit une émission de divertissement qui consiste essentiellement en commentaires par des célébrités des faits et gestes des acteurs du reality-show. Le lendemain, on pourra lire un reportage détaillé sur le même sujet dans le magazine people dont le propriétaire est aussi celui de la chaîne. Au besoin, si c'est un peu le calme plat en ce moment, on provoque un petit incident qui donnera quelques gros titres dans la presse à scandale – titres sur lesquels le directeur des programmes de la chaîne et le rédacteur en chef se seront entendus longtemps à l'avance, parce que c'est un bon moyen de faire monter tant l'audience du reality-show que la diffusion de la feuille de chou.

Dans le même temps, nous en apprenons de moins en moins sur les sujets vraiment importants. Ainsi, on nous détourne souvent sans aucune nécessité de nos préoccupations personnelles. Par exemple de la recherche de notre propre voie, qui n'a peut-être rien de commun avec la carrière idéale ou avec le mode de vie qu'on nous fait miroiter à la télévision et dans la presse. Alors, que diriez-vous d'essayer d'appliquer aussi à votre consommation médiatique la devise « moins c'est mieux » ?

Réduisons notre consommation d'infos

Suivez-vous régulièrement les nouvelles, à la télévision, dans les journaux ou sur Internet ? Peut-être vous êtes-vous déjà demandé en secret si vous étiez vraiment toujours obligé de savoir toutes ces choses. Qu'est-ce que cela vous apporte ? Vous avez sans doute déjà compris qu'on ne peut pas réellement être informé de tout, même si c'est ce qu'on croit après avoir regardé le journal télévisé du soir ou les informations de midi. Il se passe mille fois plus de choses sur la planète. D'ailleurs, on pourrait aussi nous donner toutes sortes de bonnes nouvelles. Mais, comme ça ne se vend pas aussi bien, elles passent tout simplement à la trappe.

De plus, consommer de l'information pendant de longues années ne va pas sans laisser des traces. N'avez-vous jamais été frappé de voir que beaucoup de gens, à force de suivre constamment l'actualité, développent au fil des années et des décennies une tout autre vision du monde ? Bien souvent, ils en viennent à ne plus voir les choses que d'un point de vue négatif. Au bout d'un certain temps, *tous* les politiciens sont corrompus et incapables, le crime règne *partout* dans les rues, *plus personne* ne croit aux vraies valeurs, ou bien c'est le monde lui-même qui est mauvais en soi.

Pourquoi s'en étonner, quand les informations sont essentiellement faites d'événements à caractère négatif : querelles politiques, guerres, attentats, catastrophes naturelles, accidents ? De plus, l'effet négatif de la consommation de nouvelles à haute dose est renforcé par le sentiment d'impuissance que peut susciter la succession sur l'écran d'images terribles. Sentiment justifié : que pouvons-nous donc faire contre les innombrables catastrophes, crimes et conflits grands et petits qui se déroulent sur la planète – et dont la machinerie médiatique nous transmet à chaque instant les images jusque dans les coins les plus reculés ? En vérité, la plupart du temps, nous n'y pouvons rien.

Inversement, on omet souvent de nous expliquer les dessous d'un événement : pourquoi il s'est produit, quelles sont les motivations des protagonistes. Cela n'a rien d'étonnant, puisque le réseau mondial des médias chasse l'événement seconde par seconde. À chaque instant il se passe quelque chose. Même quand vous dormez, il fait grand jour pour des millions de gens sur d'autres fuseaux horaires qui fournissent de quoi alimenter nos bulletins d'information du matin. Souvent aussi, les origines d'un événement sont bien trop complexes ou trop contradictoires pour qu'on puisse les traiter dans le format classique du reportage de trois minutes des journaux télévisés. Par exemple, êtes-vous vraiment au courant des raisons profondes du long conflit israélo-palestinien, ou connaissez-vous les fondements de l'idée d'union européenne – alors que vous suivez régulièrement aux informations les événements qui résultent de tout cela ?

Que diriez-vous de suivre un petit régime ? Si vous ne vivez pas dans une région du monde réellement menacée ou en pleine révolution, réduisez délibérément la quantité d'informations que vous écoutez, regardez ou lisez. Ne laissez pas systématiquement toutes les nouvelles entrer dans votre vie. Surtout pas à travers la télévision, dont l'effet, à cause de la simultanéité de la vision et de l'audition, est particulièrement intense. Cela fait une énorme différence de voir un accident à la télévision ou de lire la même nouvelle dans un journal. Éteignez aussi la radio de temps en temps au moment des informations. Vous pouvez même oublier de lire le journal. Vous n'êtes pas obligé de vous informer chaque jour de tout. Réjouissez-vous de pouvoir vivre davantage en paix avec le monde, et de vous épargner ainsi beaucoup de colère et de contrariétés.

Votre choix : des médias plus calmes

Si vous ne voulez pas vivre tout à fait sans nouvelles, choisissez simplement parmi les médias *less* classiques : des quotidiens et surtout des hebdomadaires sérieux, des magazines de la presse d'information. Ainsi, vous pouvez trier vous-même, parmi les informations, celles que vous voulez vraiment connaître.

Contrairement à la télévision et à la radio, où d'autres décident pour vous de ce qui est important ou non, vous avez au moins une certaine liberté de choix. De plus, c'est aussi à vous de décider où et à quel moment vous voulez recevoir les informations proposées, et dans quelle mesure : vous contenter des gros titres, ou lire un article de fond détaillé. Enfin, vous ne serez pas importuné par les effets spectaculaires qui surchargent artificiellement les événements : rien de comparable aux informations des radios privées ou au spectacle des « news » avec fond musical pour faire monter la pression, pas d'images sensationnelles en couleurs ni de plans rapprochés.

Le principal avantage de la presse écrite, c'est peut-être qu'elle exige de vous une certaine activité. Au lieu de simplement écouter ou regarder, il faut lire, ce qui demande plus d'énergie. Vous pouvez rester des heures devant la télévision, même quand votre cerveau n'est plus connecté depuis longtemps, alors que, quand vous lisez, vous sentez déjà physiquement quand vous en avez assez et que c'est le moment de reposer le journal : votre corps vous envoie des signaux de fatigue. Cela vous aide à maintenir votre consommation de nouvelles dans des limites raisonnables.

Si vous êtes effrayé par l'épaisseur de papier que représente la lecture d'un ou de plusieurs quotidiens (« Je n'arriverai jamais à lire tout ça ! »), vous pouvez par exemple limiter votre abonnement aux éditions du vendredi et du samedi : cela ne vous fera plus que deux numéros par semaine, dont vous pourrez ensuite répartir la lecture sur sept jours, en les lisant à fond ou de façon sélective, selon votre choix. Ne vous inquiétez pas : avec deux numéros par semaine, vous serez déjà bien informé sur les sujets les plus importants. Vous pourrez retrouver tout ce qui s'est passé les jours précédents dans le résumé de la semaine que tout bon quotidien propose à ses lecteurs dans son numéro du samedi. Un bon hebdomadaire peut aussi faire l'affaire. Quel que soit votre choix, il vous laissera la libre disposition de vos facultés intellectuelles pour vous informer plus à fond, par exemple en lisant des livres, sur les sujets qui vous intéressent réellement.

La violence comme divertissement ? Non merci !

Pour qui veut mener une vie *less*, la télévision n'est pas non plus toujours le meilleur moyen de se distraire. La légère sensation de vertige que laissent les innombrables feuilletons insipides et émissions comiques lorsqu'on a passé un long moment à les regarder est peut-être encore assez anodine. Mais la violence, utilisée comme moyen de divertissement dans beaucoup de films, pose davantage de problèmes. Prêtez un peu plus d'attention à vos réactions et aux sentiments que vous éprouvez devant ces films. Si vous remarquez que votre humeur a tendance à en pâtir, à l'avenir, choisissez plus souvent de tourner le bouton dès que la violence physique ou psychologique dépasse un peu votre seuil de tolérance.

Où est la télé ?

Pour vivre *less* avec la télévision, le mieux est encore d'en rendre l'accès moins facile. Placez la boîte à images dans un endroit aussi peu voyant que possible, afin qu'elle ne joue pas d'emblée le rôle d'un autel domestique. Par exemple, dans votre salle de séjour, ne tournez pas tous les fauteuils vers la télévision.

Non seulement ce sera beaucoup plus esthétique, mais, quand vous aurez des invités le soir, ils n'auront pas aussitôt l'impression que leur arrivée vous prive de votre émission préférée. Placez aussi le téléviseur de façon à ne pas le voir, et même, si possible, à ne pas l'entendre de l'endroit où vous prenez vos repas. Déclarez votre chambre lieu tabou pour la télévision. Si vous en avez la place, réservez à la télévision une pièce qui ne servira qu'à cela et à rien d'autre. De cette façon, elle ne gênera pas vos autres activités et ne vous empêchera pas de vous concentrer. Peut-être même tenterez-vous un jour, au moins à l'essai, l'aventure de la maison sans télé ?

Baisser de rideau sur la pub

Quelle est votre attitude à l'égard de la publicité ? Elle finance aujourd'hui la plupart des médias, mais cela ne signifie pas que vous soyez obligé de tout supporter, loin de là. C'est d'autant plus valable pour la télévision : évitez les spots publicitaires le plus souvent possible, ne serait-ce que parce que la plupart sont stupides et ennuyeux – surtout quand on les voit pour la centième fois. Passez sur une autre chaîne, ou au moins, supprimez le son. Ça peut parfois être amusant de regarder une pub télévisée muette. Vous pouvez toujours faire des exceptions, quand vous avez vraiment envie de voir de la publicité, ou quand vous voulez connaître les nouveautés. Pour la radio, vous pouvez choisir un modèle avec télécommande, pour pouvoir baisser le son ou éteindre chaque fois qu'un nouveau tunnel publicitaire s'annonce. Ou encore écouter une station de radio sans publicité !

Laissez tomber les revues de mode

Si vous voulez réduire votre consommation de médias, il serait peut-être bon de feuilleter moins souvent les magazines féminins ou masculins. Laissez aussi un peu tomber les forums et sites Internet de ce genre. Bien souvent, ces revues et ces sites Web ne font guère que reproduire en les modifiant à peine les communiqués de presse des entreprises ; ce sont donc en réalité des actions publicitaires déguisées en travail de journaliste. Beaucoup d'articles qui apparaissent comme du rédactionnel sont imaginés par des agences de relations publiques chargées par les fabricants d'envelopper leurs produits dans des sujets capables de susciter l'intérêt des journalistes. Tout l'art consiste à nommer et à présenter le produit, mais en se débrouillant pour que l'ensemble ne fasse pas trop penser à de la publicité.

Ainsi, lorsque vous croyez avoir affaire à un article objectif et bien documenté, et que vous supposez en conséquence que la crème pour le visage qui y est vantée est réellement une invention japonaise révolutionnaire, il se peut tout à fait qu'une agence de relations publiques soit à l'origine de cet article. Vous ne pouvez pas savoir, bien sûr, que la directrice de rubrique de cette revue a été invitée quelques jours auparavant à une « réunion d'information » à Tokyo – évidemment aux frais du fabricant du produit. Ni que le chef marketing du fabricant a réservé deux pleines pages de publicité dans chacun des dix prochains numéros – ce qui n'est donc pas tout à fait pour rien dans la publication de l'article.

Naturellement, les choses ne se passent pas toujours d'une façon aussi grossière. (Comme le savent les initiés, le journalisme de complaisance a bien d'autres modes d'expression.) Mais cela ne change rien au fait que la plupart des revues de mode et des magazines sur Internet remplissent leurs pages par cette méthode. Finalement, cela coûte bien moins cher que d'embaucher de vrais journalistes bien formés. Sauf que c'est malheureusement nous, lecteurs, qui sommes les dindons de la farce : dans une annonce publicitaire, nous savons bien qu'il s'agit de la promotion d'un produit par une entreprise, mais, pour la partie rédactionnelle, nous faisons confiance et pensons que personne ne cherche à nous influencer de manière partiale.

Heureusement, il y a les livres !

Existe-t-il encore un moyen de se distraire vraiment *less* ? Mais oui : les livres ! D'un point de vue purement pratique, d'abord, ils fonctionnent sans électricité, ne prennent que très peu de place, et, une fois qu'on les a achetés, on ne doit plus rien à personne. Mais c'est de toute façon un plaisir peu coûteux. Si vous allez sur un marché de bouquinistes, vous serez étonné de voir des livres d'occasion en bon état – même les grands classiques et les chefs-d'œuvre de la littérature – à des prix si faibles. Mais on trouve aussi des livres à petit prix dans n'importe quelle librairie. Sans oublier les bibliothèques de prêt !

Avec les livres, c'est aussi la façon de se distraire qui est agréablement *less* : contrairement à la télévision, par exemple, vos sens ne sont pas soumis à un bombardement intensif. Aucune pause publicitaire ne viendra interrompre votre lecture. Inversement, les livres, surtout les romans et les récits, stimulent d'autant plus votre imagination. Car votre cerveau se fabrique son propre film à mesure que vous lisez. On est donc beaucoup plus actif que lorsqu'on regarde la télévision : on ne peut pas simplement se laisser bercer. Là encore, c'est votre corps qui veille à ce que vous ne receviez pas une trop forte dose d'impressions. Quand vous en avez assez, vous vous sentez tout simplement fatigué et vous reposez votre livre.

Les livres pratiques, lorsqu'ils sont bien écrits, peuvent aussi représenter une occupation passionnante. Sur beaucoup de sujets, comme la santé ou les finances, un bon guide peut remplacer avantageusement un abonnement à un magazine spécialisé ou les émissions plutôt superficielles qui donnent des conseils sur ces questions à la télévision. La plupart des ouvrages spécialisés sont beaucoup plus documentés et plus approfondis. Et ils sont en permanence à votre disposition si vous voulez relire un passage particulier.

Vous ne lisez plus de livres depuis longtemps ? Peut-être avez-vous commencé aujourd'hui même à redécouvrir cette distraction très *less* ! Vous pouvez fort bien vous y remettre sans rien dépenser au départ : lisez simplement les livres qui sont déjà chez vous. Même s'il s'agit d'une relecture. Ainsi, vous faites d'une pierre deux coups : d'abord, vous avez de quoi vous occuper pour les prochaines semaines ou mois. Ensuite, quand vous vous serez débarrassé de tous les livres qui ont cessé de vous plaire pour ne garder que les meilleurs, vous aurez gagné de la place.

Au fil du temps, vous éprouverez peut-être l'envie de vous constituer une petite bibliothèque de bons livres où l'on trouve toujours quelque chose à relire. Une petite collection des œuvres essentielles des principaux penseurs, grands maîtres et philosophes renferme déjà plus de sagesse et de profondeur que tous les conseils que vous pouvez trouver dans les colonnes des magazines et revues illustrées. Ne vous laissez pas dissuader par des titres qui datent parfois de plusieurs siècles, voire d'un millénaire. Le contenu reste souvent d'une grande actualité. Le célèbre recueil des *Traités* du Jésuite espagnol Baltasar Gracián[4], par exemple, constitue une bonne introduction. Ce petit livre offre en peu de pages un grand nombre de sages paroles sur la vie. En piochant régulièrement dans des livres de ce genre, vous trouverez toujours des réponses intéressantes aux questions « existentielles » que vous vous posez, et vous vous sentirez plus lucide d'une manière générale.

Peut-être aussi aimeriez-vous en savoir davantage sur vos origines, ou connaître le passé de l'endroit où vous vivez ? Procurez-vous un livre sur l'histoire de votre région, ou sur la ville où vous avez grandi, ou encore sur la région ou le pays « d'origine » de vos parents. Un livre sur l'histoire de France ou sur celle de l'Europe peut aussi être d'une lecture passionnante. Mais ne commencez pas tout de suite par de gros volumes imprimés en petits caractères, ni avec trop de livres sur le même sujet. Vous prendrez d'autant plus de plaisir à vous y plonger et à comprendre l'enchaînement des événements.

En finir avec les stations de radio braillardes

Vous laissez volontiers la radio allumée ? Voilà encore un moyen d'information avec lequel vous pouvez facilement passer au « moins c'est mieux », si vous le souhai-

---

4. Baltasar Gracián, *Traités politiques, esthétiques, éthiques*, Seuil, 2005.

tez. Par exemple, vous pouvez changer de station, surtout si celle que vous écoutez habituellement diffuse beaucoup de publicité. Ainsi, il existe en France des chaînes nationales où la publicité est inexistante ou très réduite, et où, de plus, on vous épargnera généralement les émissions « désopilantes » où les auditeurs gagnent à des jeux stupides. Si vous écoutez beaucoup la radio, vous pouvez aussi choisir d'éviter les stations qui diffusent de l'information en continu et préférer les chaînes culturelles ou musicales. Certaines chaînes musicales proposent en alternance de la musique classique et d'autres musiques plus modernes ou du jazz, toujours sur un mode détendu. Si vous avez du mal à capter ces stations là où vous habitez, vous pourrez le faire, avec un minimum de compétence technique, si vous disposez d'un simple ordinateur avec accès à Internet. La radio sur Internet est d'ailleurs aussi une façon d'échapper un peu plus souvent à l'omniprésence des musiques anglo-saxonnes et de découvrir de véritables trésors musicaux en écoutant les stations du monde entier – Brésil, Cuba, Inde, pays arabes… D'année en année, vous pourrez ainsi vous constituer votre sélection personnelle de stations, avec une qualité et un choix toujours plus grands.

Le progrès par moins de technique

Pendant les deux dernières décennies, une énorme vague d'innovations technologiques a déferlé sur nous, nous laissant aujourd'hui pourvus de toute une batterie d'équipements : téléphone mobile, agenda électronique, radio, télévision, ordinateur de bureau ou portable, sans compter les appareils ménagers et les jeux. Certains de ces objets nous forcent à étudier des notices d'instructions de plusieurs pages, nécessitent une programmation, ou nous surprennent régulièrement par des messages d'erreur incompréhensibles. À cela s'ajoutent les nouvelles fonctions que les fabricants se creusent la cervelle pour inventer à jet continu. Là où il suffisait autrefois d'appuyer sur des boutons ou d'actionner des manettes pour utiliser toutes les possibilités d'un robot ménager, d'une chaîne hi-fi ou d'une automobile, de plus en plus d'appareils nous imposent aujourd'hui de passer par des menus pas toujours faciles à décrypter : « Choisissez dans le sous-menu S18a le volume du son pour quitter… » Si vous voulez rendre la chose encore plus captivante, appuyez au bon moment sur la mauvaise touche, oubliez votre code PIN (« Appareil bloqué. Adressez-vous au constructeur. »)… ou encore, essayez de faire réparer la chose, et voilà ce qu'on vous dira : « C'est un défaut du logiciel, on ne peut rien faire… » Bon, tout cela n'est peut-être pas si grave ? Lorsqu'on n'a que deux ou trois appareils à affronter, le stress peut rester dans des limites raisonnables. Mais si vous avez vous aussi chez vous toute la gamme des produits techniques aujourd'hui d'usage courant, vous savez quelle énergie il faut dépenser pour manipuler toutes ces programmations, commandes, lectures de menus et autres recherches d'erreurs.

Moins d'appareils, moins de fonctions

Il est bien évident que plus personne aujourd'hui ne voudrait vivre sans au moins quelques-uns des avantages de la technique moderne. Pour que ce plaisir ne se transforme pas en fardeau, il suffit de bien réfléchir pour savoir de quelles machines vous avez réellement

besoin. Trois téléviseurs ne sont peut-être pas indispensables dans la maison. Vous n'avez peut-être pas
vraiment envie qu'on puisse vous joindre partout et
à tout moment, ni de pouvoir lire vos messages sur
les pistes de ski, ni que le poivre sur vos spaghetti
soit moulu électriquement. Même s'il existe déjà
des appareils pour cela et s'il s'en crée de nouveaux
chaque jour, et même si ça ne coûte pas très cher.

Quand vous vous offrez l'un de ces objets, veillez
avant tout à ce qu'il soit aussi « minimaliste » que
possible. C'est-à-dire qu'il ne fasse autant que possible que ce à quoi vous songiez en l'achetant. Si, avec
votre portable, vous voulez seulement téléphoner,
choisissez un modèle dont les performances se limitent
à cette fonction. Si, à la cuisine, vous n'avez besoin
que d'un appareil qui vous aide à réduire rapidement
des ingrédients en purée, un mixeur classique fera
aussi bien l'affaire qu'un robot multifonctions avec
quinze pièces et accessoires différents.

Réjouissez-vous de ne pas avoir à comprendre
l'usage et le fonctionnement d'accessoires qui ne vous
serviraient à rien. En cas de doute, songez aux longues
recherches que vous éviterez pour corriger les erreurs,
par exemple quand vous déclencherez des signaux
d'alerte en appuyant par mégarde sur une touche, ou
que plusieurs titres du CD que vous écoutez se mélan-
geront tout à coup sauvagement, ou bien quand la radio
se mettra subitement en marche en pleine nuit.

Le dernier sorti n'est pas toujours le meilleur

S'agissant des produits techniques et des appareils
électroniques, cela a encore plus de sens que partout
ailleurs de ne pas acheter systématiquement ce qui

vient de sortir – à moins d'être vraiment un passionné averti. Souvenez-vous des prix extravagants des premières caméras vidéo ou des premiers lecteurs de DVD. Le plus énervant n'est pas tant d'avoir à dépenser des sommes folles pour acquérir des appareils ou des fonctions dernier cri – bien que la baisse de prix soit souvent très forte, à cause de l'extrême rapidité des évolutions techniques. Une technologie ou une fonction donnée, aujourd'hui toute nouvelle, pourra dans un an n'être plus vendue qu'à une fraction de son prix actuel, parce qu'elle sera passée du statut d'innovation à celui de standard. Mais surtout, il n'est pas rare qu'une innovation technique fasse long feu parce que personne n'en a réellement l'utilité. Songez par exemple au portable qui pouvait faire office de téléphone sans fil.

« Nombre d'individus utilisent l'argent qu'ils n'ont pas pour l'achat de biens dont ils n'ont pas besoin, afin d'impressionner des gens qu'ils n'aiment pas. »
Walter Slezak

C'est surtout avec les téléphones mobiles, les PC et les ordinateurs portables qu'on voit avec une belle régularité les exploits techniques d'aujourd'hui se transformer rapidement en vieilles lunes. Il ne faut pas plus d'un à deux ans pour qu'un portable à 400 euros devienne un élément d'électronique pratiquement sans valeur. Aussi, en cas de doute, laissez de côté les coûteux produits haut de gamme. Savourez plutôt l'agréable sentiment d'avoir évité non seulement le supplément de prix, mais aussi, bien souvent, le rôle du cobaye. Car il n'est pas rare aujourd'hui que les nouveaux produits arrivent sur le marché sans être parfaitement au point, et qu'on vous les fasse tester malgré vous.

Laissez tomber tout ce qui fait trop de bruit

Un autre critère pour acheter *less*, s'agissant d'appareils électriques et électroniques, est l'émission de bruit. Si vous achetez par exemple un nouvel ordinateur, veillez à ce qu'il soit équipé d'un ventilateur aussi silencieux que possible. Les aspirateurs, les réfrigérateurs et les équipements de cuisine peuvent eux aussi être du genre rugissant ou ronronnant. Quant aux téléphones sans fil, aux portables, aux fax et autres appareils de ce genre, assurez-vous qu'ils aient le moins possible de sons et de tonalités qui se déclenchent inutilement lorsque vous mettez en marche une fonction ou que vous la quittez.

Soyez également sélectif dans le choix de vos sonneries de téléphone. Quand vous achetez un poste fixe, testez la sonnerie au magasin. Les téléphones à bon marché, particulièrement, peuvent avoir des sonneries extrêmement désagréables, et, pour comble de malheur, on ne peut souvent même pas en régler le volume. Dans ce cas, il peut vraiment valoir la peine de s'offrir un bon appareil de marque. Chez vous, réglez le volume de la sonnerie aussi bas que possible. Aussi, si les autres veulent absolument mettre sur leur portable des sonneries criardes, laissez-les faire. Mais aujourd'hui, pratiquement tous les téléphones mobiles ont en mémoire au moins une ou deux sonneries honnêtes, moins bruyantes et plus discrètes que les sempiternelles mélodies pop ou mozartiennes. De plus, un son de portable discret est une question d'élégance et de style : le signal d'appel sur votre portable est aussi une façon d'exprimer votre personnalité. Vous aussi, vous apprécierez qu'on ne vous sonne pas bruyamment. Sur votre table de nuit, posez le réveil le plus silencieux que vous pourrez trouver. Après tout, cet objet fait tic-tac à proximité de votre tête au moins sept heures par jour, et cela pendant la période où votre corps se repose.

Optez aussi pour un design *less*

Pour tous ces équipements, préférez une apparence simple et sans tape-à-l'œil. Après tout, vous aurez probablement sous les yeux chaque jour la plupart d'entre eux. De plus, on garde généralement plus longtemps les objets qui ont un aspect intemporel – sinon, on risque tôt ou tard d'être amené à se débarrasser de certains d'entre eux pour la seule raison qu'on ne supporte plus leur design naguère qualifié d'« actuel ». Il peut être important aussi de choisir des objets assez petits et compacts, qui ne prendront chez vous que la place strictement nécessaire.

Attention à la notice d'utilisation

La notice d'utilisation est elle aussi un élément pour juger de la qualité *less* d'un produit technique : même un appareil qui a longtemps fonctionné sans problème peut se transformer au moindre dérapage en objet terriblement contrariant. Par exemple si vous avez appuyé par mégarde sur le mauvais bouton et que la notice ne veut à aucun prix vous dévoiler la solution, parce que le bureau de traduction en Corée n'était peut-être pas familiarisé avec toutes les subtilités de la langue française. Par conséquent, lorsque vous achetez un appareil, surtout s'il est compliqué, examinez bien la notice d'utilisation. Dans l'idéal, elle doit être suffisamment simple, claire et synthétique pour que, sans avoir fait des études d'ingénieur, vous puissiez installer vous-même l'appareil, même si c'est la première fois que vous le faites, et modifier l'installation par la suite. Pour retrouver tout de suite la brochure nécessaire en cas d'urgence, rangez toutes vos notices d'utilisation au même endroit.

Soyez moins « joignable » par les moyens électroniques

Dans votre pratique du « moins c'est mieux », peut-être allez-vous aussi décider volontairement d'être à l'avenir délibérément moins facile à joindre par les moyens électroniques. Autrefois, pouvoir être appelé n'importe quand et où que vous soyez était un vrai rêve – mais c'était avant le portable, quand on ne connaissait pas encore le revers de la médaille. Aujourd'hui, votre chef ou vos ami(e)s peuvent vous sonner à tout moment, même dans un refuge perdu dans la montagne ou pendant un dîner aux chandelles des plus romantiques. Il est également devenu difficile d'avoir des conversations suivies à partir du moment où une seule personne pose sur la table un portable qui clignotera toutes les cinq minutes à l'arrivée d'un nouveau message ou d'un SMS : « S'cuse-moi, faut que je rappelle Sandra vite fait… » Beaucoup de gens deviennent même franchement nerveux s'ils ne reçoivent pas d'appels ou de messages pendant un certain temps : « Qu'est-ce qui se passe, ils ne m'aiment plus ou quoi ? »

Si vous faites partie de ceux qui ont pris l'habitude de laisser leur portable constamment branché : qui a dit que vous deviez être toujours disponible ? N'est-ce pas plutôt la petite voix intérieure qui vous souffle que vous risquez de « manquer quelque chose » ? Mettez-vous parfois en congé en revenant à l'époque où vous ne saviez pas que le portable pouvait exister. Ménagez-vous des lieux et des moments où on ne peut pas vous joindre. Par exemple, éteignez votre portable à partir d'une certaine heure chaque soir. En vacances, laissez-le éteint aussi souvent que possible. Avec le portable comme avec beaucoup d'objets supposés indispensables, en cas de doute, il faut se rappeler une chose très simple : autrefois, on s'en passait fort bien.

Quant à la messagerie sur Internet, relevez-la à un rythme raisonnable. Faites savoir à votre famille et à vos amis que vous n'avez pas leurs messages privés sous les yeux en permanence et que vous ne pourrez donc jamais leur répondre aussitôt. De cette façon, vous ne recevrez plus de messages à réponse urgente, du genre : « On part en pique-nique dans deux heures, ça te dit ? » – et vous ne vous sentirez plus obligé d'interroger votre messagerie à intervalles réguliers pour cette seule raison.

De même, votre système d'avis d'appel et de message ne doit pas vous occuper à l'excès. Même s'il est tentant de pouvoir interroger à tout moment sur votre portable les messages de votre répondeur en même temps que la messagerie sur Internet. Bien souvent, ce sera seulement pour apprendre que quelqu'un voulait vous parler et n'a pas pu vous joindre : « Bonjour, je voulais juste avoir de tes nouvelles, mais puisque tu n'es pas là… »

Forums, sites de services et newsletters :
réduisez le nombre de vos inscriptions sur Internet

Savez-vous vraiment à combien de services Internet vous êtes abonné, de combien de forums vous êtes membre ? Là aussi, cela vaut la peine de garder le nombre de vos inscriptions dans des limites contrôlables. Surtout avec les services qui demandent des mots de passe ou des codes d'accès. Car, là encore, c'est pour vous une forme de propriété qu'il faut organiser et gérer. Et cela peut devenir particulièrement éprouvant pour vos nerfs le jour où vous ne retrouvez plus quelque chose. Notez autant que possible à un endroit central, par exemple dans un fichier sur votre PC, toutes vos inscriptions avec vos mots de passe et vos codes d'accès. Désabonnez-vous de tous les services dont vous n'avez pas besoin.

Désabonnez-vous aussi de toutes les newsletters purement publicitaires ou qui vous donnent plus d'informations que vous ne pouvez en absorber. Si vous faites des achats sur Internet ou si vous êtes en relation par Internet avec des entreprises comme client ou comme utilisateur de services, consultez votre compte client et, dans le menu « Données personnelles », refusez toutes les offres d'envoi régulier d'informations et de publicité, à moins que vous ne souhaitiez réellement les recevoir. Cela contribuera notablement à réduire l'encombrement de votre boîte par des messages sans intérêt.

Faut-il vraiment toujours agir ?

Temps libre : l'expression dit bien ce qu'elle veut dire. Mais du temps libre, combien vous en reste-t-il exactement, si vous considérez le nombre extraordinaire d'activités qui peuvent le remplir ? Vous avez peut-être pris vous aussi l'habitude de vous trouver chaque fin de semaine devant toute une série de décisions à prendre, comme s'il n'y en avait pas assez le reste du temps. Concert ou théâtre ? VTT ou rafting ? Prendre l'air à la campagne ou jouer les noctambules en ville ? La soirée chez Paul, ou le cocktail avec Martine ? Le vol à bas prix pour Rome, ou le shopping avec votre meilleure amie ? Aller au stade soutenir votre équipe préférée, ou faire une grande virée à moto ? Rendre visite à votre tante au village voisin, ou inviter vos amis à une séance DVD ? En plus de tout ça, il faudra bien programmer le répondeur, répondre aux messages, appeler quelques amis pour prendre des nouvelles, regarder le courrier, commander par Internet le dernier best-seller, au moins déballer le nouveau robot ménager multifonctions, faire le trajet pour aller à la campagne ou en ville, laver la voiture – et peut-être, s'il reste du temps, danser le tango, faire des sushis, du tai-chi, de l'espagnol, et toutes les autres choses fabuleuses qu'on peut apprendre.

Apprenez à ne rien faire

Qui ose encore dire qu'on a aussi le droit de ne rien faire du tout pendant son temps libre ? Pratiquement plus personne aujourd'hui. Il n'en reste pas moins absolument justifié de passer à la vitesse inférieure pendant ses heures de loisir. De temps à autre, trouvez le courage de décrocher en toute connaissance de cause ! Autorisez-vous, à des moments choisis, à aller à contre-courant de l'activisme programmé des loisirs, en décidant de ne rien faire, en ignorant délibérément toutes les occasions de « faire quelque chose » qui se présenteraient à vous.

Passez toute la journée à traîner à la maison, bouquinez tranquillement, allongez-vous dans le hamac, ou bien promenez-vous sans but précis en forêt ou dans les prés, au gré de vos envies. Le soir aussi, restez délibérément chez vous sans rien faire – même si c'est samedi et si les SMS du genre : « Qu'est-ce que tu fabriques, l'ambiance est super ici ! » se succèdent sur votre portable.

Savourez la sensation d'avoir pour une fois échappé à l'agitation de ces soirées – « Hé, mon ex est là aussi ! » « Deux rouges et une bouteille d'eau ? Ça fera dix-sept cinquante, s'il vous plaît. » « Avec ces embouteillages, pas moyen d'arriver à l'heure ! » Ne rien faire par choix délibéré, simplement regarder le temps passer, peut être merveilleusement délassant. Et la prochaine fois que vous voudrez vous laisser tenter par l'esprit d'entreprise, vous aurez d'autant plus de plaisir à le faire.

S'ennuyer, c'est super !

Très peu de gens connaissent encore l'art de cultiver l'oisiveté dans leurs moments de loisir. Pourquoi nous est-il devenu si difficile de ne rien faire une fois notre travail et nos autres obligations accomplis ? Est-ce parce que nous avons peur de nous ennuyer ? Quoi qu'il en soit, il semble bien que le mot d'ordre soit aujourd'hui : « De l'action ! » Celui qui ne fait rien s'ennuie. Pire, il ennuie les autres (horreur !). Nous préférons donc nous jeter sans cesse dans de nouvelles activités et acheter de nouveaux objets pour occuper nos loisirs au cas où l'ennui ferait mine de pointer son nez. Et si nous décidions plutôt de le regarder avec d'autres yeux ?

Considérez que l'ennui donne la mesure de votre degré de bien-être – de votre richesse en temps libre. Seul celui qui n'est pas submergé par les engagements et les tâches a le temps de s'ennuyer. Alors, la prochaine fois que vous aurez l'impression de vous ennuyer, savourez cette sensation en toute connaissance de cause et profitez largement de votre richesse en temps.

Vous commencez une nouvelle activité ?
Arrêtez-en une autre !

Occupez-vous déjà vos loisirs de plusieurs façons différentes ? Veillez simplement à garder autant que possible le même nombre d'activités. Surtout si vos loisirs ne sont pas indéfiniment extensibles et si votre budget temps est déjà bien entamé. Dès que vous envisagez un nouveau violon d'Ingres, renoncez à l'une de vos occupations habituelles, ou réduisez-la volontairement.

Quand vous vous livrerez avec une ardeur joyeuse à votre nouvelle passion du jardinage, compensez cela en invitant moins souvent vos amis et en limitant vos ambitions culinaires. Si vous vous offrez un VTT, il faudra peut-être arrêter la moto pour un temps. Si vous transformez votre cave en atelier de poterie, laissez tomber l'une ou l'autre des associations dont vous êtes membre.

Retrouvez du temps libre

Si, en lisant cela, vous vous apercevez tout à coup que vous cumulez déjà un bien grand nombre d'obligations et d'activités pendant vos loisirs, cela pourrait être une bonne idée de vous recréer un peu de temps libre en laissant tomber quelques-unes d'entre elles. Peut-être est-ce la vue des équipements sportifs ou des collections d'outils accumulés dans votre cave qui vous donnera à penser que le temps réellement libre occupe la portion congrue dans vos loisirs. Ou bien, en lisant ce que vous aviez noté dans votre agenda pour les week-ends du mois dernier, vous trouvez que vos activités « sociales » – fêtes et rendez-vous entre amis convenus à l'avance, bénévolat, activités partisanes – vous ont laissé bien peu de temps pour vous. Vous reconnaissez-vous dans l'un ou l'autre de ces cas ? Alors, passez à la vitesse *less* dans vos activités. Savourez l'agréable sentiment de maîtriser à nouveau le temps libre dont vous disposez. Réjouissez-vous aussi de pouvoir à nouveau, parce que vous avez moins d'activités obligatoires, décider plus souvent au dernier moment de ce que vous allez faire. Par exemple, selon votre inspiration, partir pour un grand tour à bicyclette, ou simplement passer l'après-midi dans votre hamac.

Choisissez des activités sans prétentions

Si vous aimez bien avoir un ou plusieurs hobbies, essayez de faire en sorte qu'au moins l'un d'entre eux soit d'une très grande simplicité. Un passe-temps qui ne nécessite que peu d'équipement, peu de place, peu d'argent, qui ne demande pas de grands préparatifs, et que vous pouvez donc pratiquer dès que l'envie vous en prend. Le lancer de boomerang, par exemple, est une activité remarquablement *less*, et en même temps tout à fait géniale.

Si vous avez envie de faire de la musique, vous pouvez vous acheter un harmonica. Avec un peu de sensibilité, vous parviendrez très vite à jouer quelques morceaux. Ou bien, chantez à plusieurs, avec votre famille, des amis, des connaissances, de façon informelle, quand cela fait plaisir à tout le monde. On peut trouver cela un peu bizarre au début, parce qu'on est habitué aujourd'hui à la musique en conserve. Mais essayez quand même.

Chanter entre amis des classiques comme *Yesterday* ou *Imagine* peut être une très belle expérience de partage, qui fait du bien au corps comme à l'âme, et qui ne coûte rien. Peu importe si le résultat n'est pas parfait tout de suite. Et on peut faire cela n'importe où, aussi bien à la maison que dans le train ou à la plage.

Jours de fête, oui, jours de corvée, non

Abordez aussi dans un état d'esprit *less* les grandes fêtes de la consommation que sont devenus aujourd'hui la plupart des événements profanes ou religieux. Peut-être ces grandes occasions qui ne durent qu'un seul jour vous occupent-elles vous aussi chaque année pendant plusieurs semaines ? Le champion du genre étant bien sûr ce bon vieux Noël.

Dès la mi-novembre, il devient difficile d'échapper à la foire commerciale de Noël et à sa rengaine omniprésente : « Pensez dès maintenant à acheter vos cadeaux ! » Mais qui a décrété que Noël devait être chaque année l'occasion d'une gigantesque bataille de matériel ?

Comme le chantait dans les années 1980 le groupe pop allemand *Geier Sturzflug*[5] : « ... et le mercredi, on ramasse les poubelles et on emporte tout le bazar. »

De même, lorsqu'on est invité à un anniversaire, on se demande souvent si les plus réussis sont vraiment toujours ceux où il y a le plus d'invités et les plus gros cadeaux. Quant au 31 décembre, faut-il absolument faire la fête et boire des quantités d'alcool, ou aller au restaurant et payer très cher le menu spécial ? Et que faisions-nous fin octobre, il y a quelques années, quand nous ne connaissions pas encore Halloween ?

« La plupart des gens courent tellement après le plaisir qu'ils passent à côté de lui sans le voir. »
Søren Kierkegaard

Peut-être aimeriez-vous retrouver le vrai sens des grandes fêtes annuelles. Ou simplement être moins stressé par tous ces préparatifs et toute cette organisation. Que diriez-vous, pour une fois, de fêter délibérément Noël sans orgie de cadeaux, en famille ou entre amis, d'une manière détendue, à la fois joyeuse et recueillie ? Et, si vous êtes chrétien, comme la fête de la naissance de Jésus, puisque c'est bien de cela qu'il s'agit en principe ?

Pour votre anniversaire, personne ne vous oblige à organiser une fête somptueuse. Simplement, prévenez les gens que vous aimez bien que vous serez ce soir-là dans votre restaurant favori, et que chacun peut venir ou

---

5. Groupe au nom prédestiné, puisqu'il signifie « vol (en piqué) du vautour »... (N.d.T.)

non, selon son humeur. Ensuite, à vous de décider quelle part de l'addition vous voulez prendre à votre charge.

Essayez aussi de ne rien faire d'extraordinaire à la Saint-Sylvestre. Si vous n'avez pas d'enfants qui y soient spécialement attachés, sautez carrément une fête ou l'autre de temps en temps. Vous l'apprécierez d'autant mieux la prochaine fois.

Un mariage ne doit pas davantage être une sorte de foire, une exposition avec cadeaux démesurés, animation coûteuse et grand traiteur. Et il n'est pas nécessaire non plus que cette fête se passe dans un lieu particulièrement original, ni que les invités soient obligés de prendre l'avion pour s'y rendre. Au contraire, le choix délibéré de célébrer simplement ce grand jour et de renoncer au grand tralala peut prendre aujourd'hui tout son sens. Cela évite aussi de perdre de vue ce qu'est véritablement un mariage : un rituel par lequel deux personnes s'engagent officiellement dans une communauté de vie.

Moins d'attentes, c'est moins de déceptions

Lors des grandes fêtes, mais aussi en vacances, cela peut également faire du bien d'orienter consciemment ses pensées vers le « moins » plutôt que vers le « toujours plus ». À Noël, est-on vraiment forcé d'aimer tout le monde ? Pour votre anniversaire, est-il écrit quelque part que vous devez inviter tous vos amis ? Qu'est-ce qui vous fait croire que toutes vos vacances doivent être une démonstration des relations harmonieuses dans votre couple ou votre famille ?

C'est précisément lors des événements importants qu'il faut se libérer autant que possible des attentes excessives. Ces représentations idéales peuvent réellement tuer une ambiance, parce qu'on a tendance, en pensée, à comparer ce qui se passe dans la réalité avec ce qu'on avait imaginé et souhaité. On devient donc incapable de vivre sans arrière-pensée le moment présent – et tout simplement d'accepter les choses telles qu'elles se présentent.

Ainsi, lorsque trois de vos meilleurs amis vous appellent pour vous souhaiter un bon anniversaire, si, au fond de vous, vous pensez aux quatre autres qui auraient dû se manifester aussi, votre joie ne durera pas longtemps. Mais si vous décidez de ne pas trop attendre de ce jour, la réalité ne sera pas tenue de coïncider avec vos possibles espérances, et vous pourrez vous réjouir de bon cœur parce que ces trois amis auront pensé à vous.

Il n'est certes pas si facile de diminuer l'emprise sur nous de ces représentations idéales que la littérature et le cinéma d'autrefois aussi bien que les médias d'aujourd'hui ont profondément ancrées dans notre conscience. L'image que nous avons de Noël, par exemple, s'est imprimée en nous tout au long de notre vie à travers les photos stéréotypées des magazines et les innombrables happy ends des films de cinéma ou de télévision. Malheureusement, en règle générale, on n'y voit que rarement les aspects désagréables qu'il faudrait mentionner pour être tout à fait honnête.

Lors des prochaines occasions spéciales telles que Noël ou les vacances, soyez simplement plus conscient de toutes ces illusions. Décidez de ne plus vous laisser aussi grossièrement manipuler. D'ailleurs, vous risquez moins d'être déçu si vous attendez moins, si vous êtes davantage présent dans la réalité. Et vous apprécierez d'autant mieux ce que vous y trouverez à prendre de bon et de beau.

5

Y voir plus clair à la maison et dans vos déplacements

« On peut aussi bien pleurer dans une Rolls que dans un autobus[6]. »

Dans nos déplacements, nous appliquons rarement le principe « moins c'est mieux ». Bien souvent, nous mobilisons énormément d'énergie pour arriver à nos fins. Nous allons chercher le pain en voiture. Nous n'hésitons pas à prendre l'avion pour aller faire du shopping à deux mille kilomètres de chez nous. Puis, quand la maison devient trop encombrée, nous en voulons une autre plus grande. Et alors, je vous souhaite bien du plaisir pour vos recherches ! Pendant les vacances, du moins, on devrait pouvoir se laisser vivre un peu – mais non : là aussi, le mot d'ordre est presque toujours d'essayer d'« en avoir pour son argent ».

---

6. Paraphrase de Françoise Sagan, qui déclarait préférer « pleurer dans une Jaguar que dans un autobus ». (N.d.T.)

Votre chez-vous :
entrepôt ou lieu où il fait bon vivre ?

Vous sentez-vous vraiment bien entre vos quatre murs ? On peut supposer que chez vous aussi, même si les meubles, les affiches, les fringues et tout le reste ne montent pas jusqu'au plafond, il y a une foule d'objets que vous changez régulièrement de place sans pour autant vous en servir. Ou que vous avez quelque part un placard rempli à ras bord d'ustensiles et d'objets divers dont vous n'utilisez qu'une infime partie. Tout le reste étant là principalement parce que vous trouveriez trop dommage de le jeter.

Beaucoup de caves et de greniers abritent des vélos d'appartement, des tables de ping-pong ou des établis dont plus personne ne se sert depuis des années. Peut-être est-ce tout simplement la taille de votre maison ou de votre jardin qui attire des objets superflus qui vous donneront ensuite plus de travail que de plaisir.

Le problème n'est pas seulement qu'on se prive ainsi sans nécessité de beaucoup d'espace et de temps libre. C'est aussi qu'à la longue, les diversions et les soucis causés par tout ce bric-à-brac finissent par vous peser. Après tout, il s'agit du lieu où vous faites chaque jour des choses aussi essentielles que dormir ou rencontrer vos proches. Votre joie de vivre est largement influencée par ce qui se trouve entre vos quatre murs. C'est pourquoi l'habitat est un thème essentiel du « moins c'est mieux ».

Avez-vous déjà songé à quel point un lieu de vie tranquille pouvait contribuer à votre équilibre intérieur ? Votre logement reçoit-il suffisamment la lumière du jour, la vue par la fenêtre est-elle agréable et apaisante, l'intérieur est-il suffisamment reposant pour les yeux, avec des aménagements réduits au strict nécessaire ? Que vous soyez précisément sur le point de déménager, que vous envisagiez d'acheter une maison ou un appartement ou que vous ayez déjà trouvé votre point de chute, peu importe. En toute situation, vous pouvez faire quelque chose pour améliorer la qualité de votre vie chez vous selon la devise « moins c'est mieux ».

Vous déménagez ?
Choisissez vos critères essentiels d'habitat *less*

Se loger *less* commence avec le choix du lieu et du proche voisinage. Si vous êtes déjà installé pour un bon moment, sautez simplement ce passage. Mais si vous êtes justement à la recherche d'une nouvelle maison ou d'un appartement, regardez bien où vous mettez les pieds.

Tenez-vous-en à des zones d'habitat qui donnent une impression humaine et détendue, agréablement *less* – que ce soit en raison de l'architecture, de la mentalité des habitants ou du caractère général du lieu. Même si vous pouvez vous les permettre, évitez les quartiers cossus où chacun cherche à en mettre plein la vue à son voisin : vous risqueriez de vous laisser entraîner dans la compétition.

Vos vrais besoins passent avant tout

Lorsqu'il s'agit d'éléments aussi fondamentaux que la lumière, le calme, une vue et une atmosphère harmonieuses, c'est par exception le principe inverse du *less* qui s'applique : « *More is beautiful*[7] » – pour autant que vos moyens financiers vous le permettent. Dans

---

7. Allusion, bien sûr, à l'un des slogans de la simplicité volontaire ou « vie simple », *Less is beautiful*. (N.d.T.)

le choix de votre nouvelle maison ou de votre nouvel appartement, le calme est un critère important. Avec l'âge, la plupart des gens deviennent plus sensibles au bruit. En particulier, le bruit qui gêne le sommeil nocturne est un facteur de stress dont les effets deviennent très négatifs à la longue.

Veillez à ce que le plus grand nombre possible de pièces reçoivent assez de lumière du jour. Renseignez-vous aussi sur la façon dont le bâtiment a été construit, car cela peut jouer un rôle important dans les variations de température. Si une partie au moins de votre logement reste fraîche au plus fort de l'été, vous n'aurez pas besoin d'investir dans la climatisation[8].

Soyez exigeant à propos de la vue que vous aurez par les fenêtres de votre nouvelle demeure. C'est particulièrement vrai pour les pièces où l'on se tient le plus souvent dans la journée, comme la cuisine et la salle de séjour. À la longue, cela fait tout de même une différence si, de la fenêtre de votre salon, vous voyez une vieille usine bonne pour la démolition, ou au contraire une belle façade de maison ou une forêt de feuillus !

Quelle surface vous faut-il vraiment ?

La taille d'une maison ou d'un appartement joue un rôle non négligeable dans le choix d'un habitat *less*. N'achetez ou ne louez que le nombre de mètres carrés que vous êtes réellement capable de « gérer ». Ce n'est pas seulement lorsqu'on atteint un certain

---

8. Ajoutons que les équipements de climatisation n'ont rien d'écologique, et qu'une bonne inertie thermique évite également des frais de chauffage en hiver. (N.d.T.)

âge que l'énergie supplémentaire consommée par chaque mètre carré d'espace habitable ou de jardin peut finir par dépasser vos moyens. Chaque pièce supplémentaire vous fait courir un peu plus : pour le ménage, l'entretien, le mobilier, les soucis en général – sans compter, bien sûr, la dépense supplémentaire à l'achat ou pour le loyer. Réfléchissez un peu pour savoir quelle serait la taille idéale qui vous permettrait de vous sentir vraiment bien entre vos quatre murs. Si vous vous apercevez ainsi que vous êtes logé un peu trop grand actuellement, prenez cela comme une invitation bienvenue à chercher un logement plus petit. Accessoirement, un tel déménagement aura l'avantage de vous obliger à réduire votre mobilier. Si vous n'avez plus la place de tout mettre, il faudra bien faire le ménage. Si vous ne l'avez pas encore fait, ce sera donc le moment ou jamais de vous séparer de tous les objets auxquels vous ne tenez plus vraiment.

Pour vos loisirs : « louer » plutôt que construire chez vous

Demandez-vous aussi s'il faut absolument avoir entre vos quatre murs tous les équipements nécessaires pour vos loisirs préférés. Beaucoup d'entre eux se trouvent peut-être facilement en « location » dans le voisinage. Par exemple, au lieu de construire une piscine chez vous, ce qui peut vraiment représenter beaucoup de travail, vous pouvez aller à la piscine municipale. De même, s'abonner à un club de forme coûte généralement moins cher et est moins contraignant que d'avoir chez soi une pleine cave de matériel de sport. Si vous ne regardez pas énormément de films, le cinéma n'est pas une mauvaise alternative à l'équipement high-tech trônant dans le salon. Même pour le bricolage, on trouve des ateliers à louer à l'heure ou à la journée[9].

Échangez ce qui ne vous sert plus contre de l'espace, du temps et de l'argent

Même si vous n'avez pas prévu de déménager prochainement ou si vous trouvez déjà votre cadre de vie assez plaisant, vous pouvez encore faire quelque chose pour vous loger *less* : débarrasser un peu. Un logement moyen ne contient-il pas aujourd'hui près de dix mille objets ? Par comparaison, il y a environ cent ans, ce nombre tournait la plupart du temps autour de trois cents !

Vous croyez qu'il n'y a rien à débarrasser chez vous ? Passez en revue tous les objets de votre mobilier, pièce par pièce. Certains vous font-ils une impression négative, par exemple parce qu'ils sont associés à de mauvais souvenirs ? D'autres vous prennent-ils trop d'énergie par rapport à leurs avantages – parce qu'ils sont compliqués à utiliser, parce qu'ils ont des défauts techniques, parce qu'ils sont beaucoup trop encombrants pour le peu d'usage que vous en avez ? Ôtez-moi tout ça ! Ne faites d'exception que lorsque vous prenez vraiment plaisir à vous occuper d'un objet, malgré tous ses inconvénients.

Débarrassez-vous de tous les articles de loisir que vous n'avez pas encore commencé à utiliser au bout d'un ou deux ans – par exemple l'ensemble de

---

9. En France, on trouve surtout du matériel à louer, et peu d'ateliers associatifs. Cependant, il existe depuis quelques années des garages associatifs où l'on peut réparer sa voiture – et recevoir des conseils. (N.d.T.)

home-training, la machine à faire le pain… Si, pour certains objets, vous n'êtes pas vraiment sûr de vous en servir aussi peu fréquemment, soumettez-les à un test : collez sur chacun d'eux un petit papier avec la date du jour, puis replacez-les à l'endroit où vous avez l'habitude de les ranger. Vous n'enlèverez le papier d'un objet que lorsque vous le sortirez dans le but de l'utiliser. Vous serez surpris de découvrir ainsi que beaucoup de ces objets ne vous servent peut-être que tous les cinq ans, voire plus rarement encore. Et que, le reste du temps, ils ne font que consommer de la place et de l'énergie.

Réformez tous les objets qui ne correspondent plus à votre goût actuel, mais qui servent seulement à vous raccrocher à une période de votre vie aujourd'hui dépassée. Si vous êtes décidé à vivre *less*, cela peut représenter pas mal de choses. Par exemple, tous les produits cosmétiques et les parfums que vous avez patiemment accumulés comme des trophées, et qui continuent à occuper deux pleines étagères de la salle de bains, alors que, depuis ce temps-là, vous avez pris vos distances avec la question de la beauté – ce qui, d'ailleurs, vous donne beaucoup plus de rayonnement. Selon le même principe, vous pourriez un jour trier à fond tous vos livres, CD, cassettes vidéos et autres collections du même genre. N'hésitez pas à faire le ménage en grand. Si vous voulez garder un souvenir, conservez quelques échantillons bien choisis.

Un autre critère qui peut vous aider à trier, c'est de vous demander si un objet n'est là que pour impressionner les visiteurs, s'il s'agit seulement d'un symbole de statut social qui vous permet de sentir que vous avez « réussi ». De même avec les objets reçus en cadeau ou en héritage, mais auxquels vous ne tenez pas vraiment, ou qui prennent simplement trop de place : n'hésitez pas à vous en défaire.

La séparation est douloureuse ?
Faites des photos souvenir !

Si vous préférez ne pas donner tout bonnement vos objets superflus, vous pouvez les vendre par petites annonces ou les mettre aux enchères sur Internet. Peut-être avez-vous du mal à passer à l'acte, parce que vous tenez trop à vos petites affaires pour les laisser partir ? Dans ce cas, photographiez chaque objet, puis collez les photos dans un album, ou, si vous avez un appareil numérique, mettez les photos sur votre ordinateur. Ainsi, vous aurez du moins la certitude de pouvoir vous souvenir de ces objets chaque fois que vous le souhaiterez, et il vous sera sans doute plus facile de les vendre dans ces conditions.

Quand vous aurez finalement vendu ou donné les objets à débarrasser, attendez six mois avant de regarder vos photos. Vous serez stupéfait de constater que vous avez oublié depuis longtemps la plupart de ceux dont vous aviez eu tant de mal à vous séparer. Il est même fort possible que vous vous demandiez comment vous avez pu vivre aussi longtemps avec un tel fourbi. Quoi qu'il en soit, le supplément d'air et de liberté dont vous jouirez désormais vous paraîtra très vite un bien essentiel dont vous ne voudrez plus vous passer.

Découvrez le plaisir du vide

On peut supposer que ce grand débarras aura déjà suffi à vous faire gagner pas mal de place. Appréciez l'atmosphère beaucoup plus paisible de votre chez-vous. Ressentez le surcroît d'énergie gagné grâce au tri effectué parmi vos meubles et vos équipements : c'est la récompense immédiate de votre choix d'un habitat *less*. Savourez le sentiment, non seulement d'une plus grande liberté, mais aussi d'une meilleure qualité de vie dans votre nouvelle demeure débarrassée de sa « graisse superflue ».

À présent, vous pouvez commencer à travailler sur l'espace comme élément de décoration. Un tableau ou une belle affiche au mur, un tapis d'Orient, un vase filigrané ont besoin d'être entourés de beaucoup d'espace libre pour produire leur effet. Limitez autant que possible l'ameublement afin que chaque élément soit bien mis en valeur. Après votre opération de tri, vous aurez une meilleure perception des objets qui resteront, et vous verrez plus facilement si un meuble ou un élément de décoration a assez d'espace autour de lui ou s'il est encore à l'étroit. Continuez à passer ainsi en revue les objets de votre maison jusqu'à ce qu'il ne reste que les plus beaux et les plus évidents, ceux qui ont le plus de valeur à vos yeux. Assemblez-les harmonieusement les uns avec les autres.

Ce travail a encore plus d'importance si les pièces sont très petites chez vous. Les espaces compacts ont rapidement l'air encombrés. Laissez volontairement quelques niches totalement inoccupées. Accordez-vous des surfaces sans aucun meuble, des murs où vous n'accrocherez rien. Tout cela offre au regard un espace de liberté bienvenu. Savourez la nouvelle qualité d'ambiance qu'apporte cette façon d'aménager l'espace.

« La simplicité résulte de la maturité. »
Friedrich von Schiller

L'idée vous paraît encore un peu difficile à accepter ? Ce ne serait pas étonnant, car, finalement, la plupart des gens aiment mieux avoir trop d'objets que pas assez. Cela cache bien souvent un manque d'assurance qui fait hésiter à vivre autrement que selon le modèle proposé par la société ou par les médias, ou selon les exigences supposées d'un statut social. Mais pourquoi le faudrait-il ? Ne craignez pas de *ne pas* vous conformer à ce que réclame peut-être l'esprit du temps. Même si, dans votre entourage, tout le monde achète pour plusieurs milliers d'euros de gigantesques ensembles par éléments pour occuper tout un mur de leur salle de séjour, ou si les gens que vous fréquentez s'entourent de tableaux modernes grand format, qui a décrété que c'était là la seule façon d'aménager ou de décorer un appartement ?

Peut-être trouverez-vous qu'un ancien buffet anglais à vitrine suffit dans votre salle de séjour. Ou une petite représentation de Ganesha, la divinité indienne du bonheur, pour décorer le mur. Vous pouvez aussi aimer l'idée d'avoir chez vous une pièce vraiment *less* : une pièce aussi vide que possible, et en même temps très accueillante. Par exemple avec seulement un divan ou un pouf confortable, un bon lampadaire, et par terre un grand vase rempli de fleurs. Ce sera la pièce où la vie quotidienne n'entrera pas, mais où vous pourrez réfléchir, méditer ou simplement vous retirer en toute quiétude.

Couleur et lumière

La couleur est un merveilleux élément de décoration *less*, parce qu'il s'agit là de travailler avec un minimum de matériaux. Même un appartement vide paraît beaucoup plus aménagé quand les murs ne sont pas tous blancs, mais que chaque pièce est d'une couleur différente. Si vous n'avez vécu jusqu'ici que dans des espaces peints en blanc, procurez-vous un livre avec de belles photos montrant des pièces peintes de différentes couleurs. Inspirez-vous aussi de ce qu'on peut voir dans d'autres pays, par exemple des nombreuses belles nuances d'ocre, de terre cuite ou de bleu si courantes dans les pays méditerranéens. Certaines nuances produisent parfois sur un mur un tel effet décoratif qu'il suffit d'ajouter un seul petit accessoire. De plus, en choisissant bien les couleurs, vous pouvez modifier l'atmosphère d'une pièce ; et vous pouvez aussi, selon les besoins, la faire paraître plus grande ou plus petite.

La lumière est un autre moyen d'obtenir toutes sortes d'effets de décor dans un habitat *less*. Les éclairages de sol modernes en verre sont très beaux et peuvent donc servir en même temps de décoration. Les spots et les lampes à faisceau donnent du volume à des surfaces vides et mettent en valeur les meubles ou les tableaux que vous avez choisi de garder, ce qui leur permet de se suffire à eux-mêmes. Dans le salon, un éclairage indirect à la place du vieux plafonnier peut produire une agréable sensation d'intimité.

Un élément important dans le choix de vos éclairages : ne lésinez pas sur la qualité. Laissez tomber les lampes à bon marché des grandes surfaces de bricolage, surtout si vous achetez des abat-jour en verre. Dans la mesure où votre bourse vous le permet, choisissez de la verrerie de qualité supérieure, par exemple de Murano. Après tout, ne s'agit-il pas de la lumière qui éclairera votre vie soir après soir ?

Si, en outre, vous remplacez certains interrupteurs par des variateurs, vous pourrez à tout moment choisir la puissance qui correspondra le mieux à votre humeur. Peut-être même déciderez-vous, certains soirs, d'éteindre toutes les lampes électriques et d'éclairer votre domaine à la bougie. Non seulement c'est romantique, mais cela vous permet de vous offrir un petit voyage dans le passé. Vous découvrirez ainsi, à la lueur des bougies, des ambiances d'une qualité bien particulière.

Vos meubles : de qualité et intemporels

À l'avenir, quand vous achèterez des meubles ou des biens d'équipement, tenez compte aussi de leurs qualités *less*. Par exemple, choisissez des meubles ayant le moins possible de casiers ou de compartiments ouverts. Ainsi, vous aurez moins de choses à maintenir ou à remettre en ordre et à nettoyer par la suite. Il est beaucoup plus facile de garder un intérieur soigné lorsque la plupart des objets sont rangés dans des placards fermés ou des commodes, surtout si vous avez tendance au désordre.

Pour les vêtements, achetez plutôt des armoires-penderies qui montent jusqu'au plafond, ou, mieux, faites-les fabriquer sur mesure dans ce but. Ainsi, vous ne serez pas tenté par le syndrome du « je range ça en haut de l'armoire », qui consiste surtout à laisser les objets prendre la poussière – quand vous ne les oubliez pas complètement… jusqu'au prochain déménagement !

Soyez attentif aux matériaux et à la finition de tous les meubles et équipements que vous achetez. Il vaut mieux renoncer aux matériaux bon marché, et à l'esthétique qui leur correspond. Le plastique, surtout, a une fâcheuse tendance à s'abîmer tôt ou tard, et il est généralement impossible de le réparer dans de bonnes conditions. De même, soyez difficile sur le choix du style : lorsque vous achetez un nouvel objet, préférez aussi souvent que possible des lignes simples, nettes et classiques.

Pour la vaisselle et les ustensiles de cuisine également, n'achetez que des objets de la meilleure qualité, et d'un style suffisamment intemporel. Ainsi, vous pourrez envisager de les garder longtemps, alors que les objets de qualité médiocre doivent généralement être rachetés un jour ou l'autre – ce qui réduit à néant leur avantage financier. Non seulement ces objets dureront plus longtemps, mais vous ne vous lasserez pas de leur vue, contrairement à ces services au design « tendance » que l'on n'a bientôt plus du tout envie de sortir du placard.

Autant que possible, n'achetez de nouveaux objets qu'après leur avoir prévu une place fixe chez vous. Avantage de cette méthode : si vous n'avez pas de place et si vous ne pouvez pas en faire, vous renoncez automatiquement à cet achat. Cela vous évitera le désordre que causent bien souvent les achats d'impulsion, lorsqu'on s'aperçoit, une fois rentré à la maison, qu'on n'a aucun endroit pour les ranger correctement.

Équipez votre appartement petit à petit

Si vous voulez vous procurer des meubles, des équipements ou des ustensiles de cuisine de bonne qualité, beaux et simples, il vous faudra naturellement du temps. Car de tels objets ne sont pas toujours faciles à trouver parmi les meubles à bon marché et les articles en plastique de la plupart des grandes surfaces et des magasins pour la maison. Si vous voulez acheter d'une seule traite l'essentiel de votre mobilier, vous n'aurez généralement pas le temps d'inspecter en détail chaque objet. Ne serait-ce que pour des raisons de temps et de budget, il vous faudra de toute façon trouver des compromis. Il vaut donc mieux décider d'acheter petit à petit. Ainsi, vous pourrez réellement choisir tranquillement des objets ayant les qualités *less* qui vous plaisent.

Propreté, oui, stérilisation, non !

Menez-vous un combat quotidien contre les bactéries à l'aide de toutes sortes de produits chimiques ? Faites la paix avec elles ! Au cours des dernières décennies, l'industrie des produits de nettoyage a réussi à nous inculquer une véritable terreur de tous les microbes et animalcules qui s'ébattent dans nos foyers bien-aimés. Paradoxalement, c'est pourtant l'homme lui-même qui est l'un des hôtes principaux des bactéries que l'on trouve dans nos maisons. Il est même indispensable que les enfants entrent régulièrement en contact avec des bactéries, afin que leur système immunitaire se renforce et ne dérive pas par la suite vers des allergies. Ne vous laissez pas entraîner par l'obsession des sols récurés en profondeur et de la salle de bains purifiée de toute bactérie. Faites confiance à votre sensibilité et trouvez la juste mesure.

Mieux se déplacer
pour arriver détendu

Connaissez-vous cette espèce de paresse que cause la possession d'une voiture ? Un jour arrive où on ne se souvient même plus qu'il existe d'autres solutions. Il nous paraît tout naturel de venir avec notre prothèse motorisée jusque devant le centre de remise en forme. Nous sommes habitués à ce que les rues encombrées, les véhicules de livraison et les feux rouges mettent notre bonne humeur en veilleuse dès le matin – alors que nous pourrions être dans le train à lire tranquillement le journal. Pour retrouver nos amis le soir, nous nous garons chaque fois que c'est possible juste devant l'entrée du bistrot. Pourtant, la plupart du temps, on entre dans son appartement à pied, non ? Même le samedi ou le dimanche, on ne trouve rien de plus réjouissant que de rester coincé dans sa propre voiture au milieu d'un long embouteillage, juste pour aller manger une glace à la sortie de la ville. À cette vitesse d'escargot, on aurait mis le même temps à bicyclette – et peut-être par des voies vertes ou des chemins boisés.

Parlons sérieusement maintenant : oui, la voiture, c'est bien pratique, et parfois même indispensable si vous habitez loin d'un centre-ville et si vous avez une famille. Et pourtant, même vous, vous n'avez peut-être pas besoin de prendre à chaque fois votre demi-tonne d'acier et de plastique pour aller d'un point à un autre, vous pouvez peut-être aussi sans problème faire de temps en temps un trajet à bicyclette ou par les transports en commun. Et arriver bien plus détendu.

Le train, un moyen de transport à visage humain

Le train, en particulier, est un merveilleux moyen de transport *less*. Le seul fait de ne pas avoir, pour aller d'un point A à un point B, à acheter un véhicule entier, donc à l'assurer, à en prendre soin, à l'entretenir, à le conduire et à le garer quelque part, est déjà en soi typiquement « moins c'est mieux ». Il suffit de l'utiliser, et vous pouvez l'oublier dès que vous êtes arrivé à destination. De plus, pour que le train vous emmène là où vous voulez, il vous faut très peu de chose : un billet valable, et savoir à quelle heure des trains partent pour votre destination.

Vous n'avez pas pris le train depuis longtemps ? Redécouvrez-le ! Si vous en êtes resté aux vieux tortillards de votre enfance, vous aurez peut-être quelques bonnes surprises, que ce soit avec vos trajets quotidiens domicile-travail ou pour des voyages plus longs. Par exemple, vous pouvez obtenir tous les renseignements par Internet et réserver des billets. La plupart des trains sont aujourd'hui modernes et silencieux, non seulement les trains à grande vitesse et ceux des grandes lignes, mais aussi ceux des réseaux de banlieue des grandes agglomérations. Beaucoup de lignes secondaires qui desservaient les petites villes ont malheureusement été supprimées (peut-être y reviendra-t-on un jour ?), mais ailleurs, grâce aux nouvelles lignes et à l'amélioration des correspondances, on peut se rendre d'une ville à une autre aussi rapidement qu'en voiture, et parfois même en beaucoup moins de temps.

Voyager par le train, une authentique sensation *less*

La vitesse n'est pas tout. Il y a aussi les sensations particulières associées au voyage en train. Vous n'êtes pas forcé de rester assis à l'étroit sur une banquette arrière, coincé dans un embouteillage, ou encore sur un siège d'avion en classe économique. Vous ne serez pas projeté à dix mille mètres d'altitude. Vous aurez un chauffeur pour conduire, et, pendant ce temps, vous pourrez rester assis, vous lever, vous promener (sauf, pour être honnête, dans les trains de banlieue bondés). Selon la ligne et le type de train, votre portable pourra fonctionner, et vous aurez le droit de vous en servir. Vous voyagez dans un véhicule de proportions humaines, où vous ne vous sentez ni un géant, ni un nain. Rouler sur des rails donne la sensation d'un mouvement régulier, paisible et sans à-coups. Sans cela, pourquoi dormirait-on si bien dans les trains ?

Lors des voyages un peu longs, vous pouvez suivre par la fenêtre l'évolution du paysage à mesure que vous vous éloignez de votre environnement familier pour vous rapprocher de votre destination. Entre-temps, il est fort possible que vous rencontriez des gens intéressants parmi les voyageurs. Et si, jusqu'ici, vous passiez une grande partie de votre vie en voiture, vous apprécierez tout particulièrement l'état de décontraction physique et mentale dans lequel vous arrivez à destination. Parmi les moyens de transport courants, il n'en est guère qui respectent la dignité humaine mieux que ne fait le train – si ce n'est peut-être le bateau.

Profitez de votre cadeau : du temps libre

Autre chose encore fait du train un moyen de transport vraiment *less*. Finalement, pendant le transport lui-même, vous n'avez pas à remuer le petit doigt. Pour le prix du voyage, le bon vieux chemin de fer

vous offre donc en supplément gratuit un bien particulièrement rare : du temps. En voiture, vous êtes
complètement absorbé par la conduite, mais dans le
train, vous pouvez bouquiner tranquillement et dévorer tous les magazines que vous devez laisser de côté
en temps normal. Vous pouvez aussi travailler : peut-
être le faites-vous déjà souvent le matin, quand vous
jetez un coup d'œil à vos dossiers ou que vous potas-
sez un ouvrage technique en allant au bureau ? Pour
un voyage en train un peu long, réservez une place
avec une table où vous pourrez poser votre ordinateur portable et vos documents. Ce sera votre bureau
ambulant, vue comprise !

Bien sûr, dans le train, vous pouvez aussi vous
concentrer sur vos idées, réfléchir à vos projets, trouver des solutions à vos problèmes. Il suffit pour cela
d'un petit bloc-notes et d'un stylo. Dans le train,
certains révisent le vocabulaire d'une langue étran-
gère, d'autres potassent leurs cours de formation
continue – une possibilité appréciable dans un monde
où il est de plus en plus important d'apprendre tout
au long de la vie. Le train est un endroit idéal pour
étudier ! Même dans les trains de banlieue bondés,
avec un lecteur de CD portable, vous pouvez écouter
un livre enregistré. Cela marche même si vous devez
rester debout.

Enfin, vous pouvez aussi tout simplement utiliser le temps qui vous est offert pour vous reposer
et pour méditer. Profitez du spectacle gratuit qui
défile sous vos yeux à la fenêtre. Une excellente
occasion de laisser vagabonder vos pensées. Peut-
être même apprécierez-vous le caractère délicieusement « rétro » qui se dégage aujourd'hui encore

du transport ferroviaire sous toutes ses formes, malgré les technologies de pointe et par-delà un siècle et demi d'histoire.

La première classe, on ne fait pas mieux !

Vous avez encore des préjugés contre le train ? Faites l'expérience vraiment détendue du voyage en première classe ! Cela ne vaut d'ailleurs pas seulement pour les voyages lointains, mais aussi pour les trajets quotidiens, si vous pouvez prendre une carte d'abonnement mensuel en première classe. Essayez au moins une fois de goûter la différence. Bien souvent, vous trouverez en première classe des wagons ou des compartiments presque vides. L'intérieur est d'une propreté remarquable. Les quelques personnes qui voyageront avec vous seront généralement du genre paisible. Les sièges sont d'une générosité quasi imbattable. À cela s'ajoute l'agréable sentiment de jouir d'un peu de luxe – oui, la première classe est vraiment un délice pour l'âme.

Bien sûr, ce plaisir coûte un peu plus cher. Mais faites le calcul vous-même : la première classe devient tout à fait abordable si vous prenez une carte d'abonnement et si, à côté de cela, vous vous contentez d'une voiture moins chère – ou même si vous renoncez tout à fait à l'automobile. Sur Internet, vous pouvez même comparer les coûts d'un trajet donné entre la voiture et le train[10].

_____

10. En France, un « écocomparateur » existe depuis 2006 sur le site de la SNCF. Il permet de comparer coûts, temps de trajet et émissions de CO_2 pour un même trajet en train, en voiture et même en avion – cependant sans distinguer selon le nombre de passagers de la voiture. Quoi qu'il en soit, le train est toujours à la fois plus économique et plus écologique au moins lorsqu'on voyage seul, et il existe de nombreuses possibilités d'abonnement ou de tarif réduit. (N.d.T.)

Si vous êtes travailleur indépendant et si vous prenez le train pour votre métier, vous pouvez aussi comparer au prix du billet la valeur du temps que vous pourrez mettre à profit pour travailler dans un compartiment tranquille de première classe ou dans les salons d'attente confortables qui existent dans certaines grandes gares pour les « grands voyageurs ».

Le train : plus rapide que vous ne pensez

Voyager en train a certes aussi ses inconvénients et ses limites. On peut difficilement transporter de gros bagages. Il arrive qu'on ne trouve pas de place dans un train, ou qu'il soit sale, ou qu'il prenne du retard. Vous pouvez en être fâché ou ressentir cela comme un problème. Cependant, tout dépend du degré de perfection que vous attendez de ce moyen de transport, de la façon dont vous utilisez les temps d'attente et de trajet, et aussi de votre flexibilité dans le choix de ce moyen.

Pour les destinations lointaines, il n'y a pas vraiment d'autre possibilité que l'avion. D'autre part, toutes les localités ne sont pas desservies par le train et on peut être obligé de prendre sa voiture. Mais, dans un rayon de cinq à huit cents kilomètres autour de chez vous, il faut toujours comparer la durée du voyage en train au temps que vous mettriez en voiture ou en avion. Si vous vous rendez dans une grande ville, le train dispose d'un atout majeur auquel on ne pense pas toujours : alors que les voitures doivent ralentir aux abords des villes et que les avions se posent souvent très loin, les gares sont toujours près du centre. De là, vous pouvez la plupart du temps atteindre rapidement votre destination.

Si vous ne prenez pas déjà le train pour vous rendre chaque jour à votre travail, regardez quelles sont les liaisons existantes. Aujourd'hui, avec Internet, c'est beaucoup plus facile qu'autrefois d'obtenir des horaires précis pour tous les trajets possibles, aussi bien nationaux qu'européens. Et vous serez surpris du peu de temps qu'il faut pour aller de chez vous jusqu'à Victoria Station à Londres.

Métro, bus et tramway :
plus jamais coincé dans les embouteillages

Comme on l'a dit, la voiture n'est pas toujours la meilleure solution, même près de chez vous. C'est justement lorsque vous devez vous déplacer en ville ou entre la ville et la banlieue que les transports publics peuvent être le moyen le plus reposant. Ils ont certains avantages en commun avec le train : pas de véhicule à conduire, pas de soucis avec le trafic, pas de problèmes de stationnement ni de contraventions – tout cela est donc parfaitement *less*. Même le fait de devoir aller à pied jusqu'à l'arrêt le plus proche a ses avantages : cela vous donne l'occasion de faire au moins une petite promenade dans la journée, de prendre l'air, et même de piquer un petit sprint si vous tournez le coin de la rue juste au moment où le bus arrive… Beaucoup de gens achètent un chien rien que pour cela !

De plus, les transports publics sont souvent étonnamment rapides. Faites l'expérience : de nombreuses régies de transports offrent aujourd'hui des informations sur Internet, avec calcul du trajet optimal et horaires. Il vous suffit de donner vos points de départ et d'arrivée. La plupart des systèmes fonctionnent avec les noms de rues et calculent même le temps que vous mettrez de porte à porte. Vous n'avez plus qu'à imprimer votre plan et à l'emporter avec vous. Si vous habitez une grande ville et que vous aviez jusqu'ici un préjugé tenace contre les transports en commun, essayez d'abord le tramway, s'il y en a près de chez vous.

Le tramway a les avantages du métro, plus ceux du voyage en surface – et, grâce aux rails, il est plus silencieux que l'autobus. Pendant le voyage, vous pouvez observer les maisons et les magasins devant lesquels vous passez. Peut-être découvrirez-vous ainsi des aspects inconnus de votre ville ?

Un réseau mondial de chauffeurs : les taxis

Il existe bien sûr des situations où les transports publics doivent céder le pas. Par exemple quand vous êtes vraiment très pressé, quand vous devez vous rendre dans un endroit qui n'est pas desservi, ou encore si vous ne vous sentez plus suffisamment en sécurité dans les gares ou les trains, passé une certaine heure. Vous pouvez aussi être trop chargé après avoir fait des courses, et même avoir envie d'un peu de luxe, exceptionnellement. Dans de telles situations, il n'est pas toujours nécessaire d'avoir sa propre voiture : partout dans le monde, vous pouvez louer une voiture avec chauffeur – un taxi !

Le vélo, tout simplement génial

Pour se déplacer *less*, il y a aussi la bicyclette. Son mode de propulsion est déjà à lui seul extraordinairement simple et « basse technologie » : on s'assoit sur une selle et on appuie sur les pédales. C'est si facile que les petits enfants apprennent en un rien de temps. Et on n'a besoin de rien d'autre – si ce n'est un temps acceptable. Dans la plupart des régions, la bicyclette est donc plutôt un moyen de transport pour la saison d'avril à octobre. Mais c'est déjà plus de la moitié de l'année.

Antistress et massage de l'âme

Vous n'êtes pas monté sur un vélo depuis une éternité ? Ou bien vous ne le sortez que le week-end pour faire du sport ? Découvrez les vertus de la bicyclette comme moyen de transport quand vous n'allez pas trop loin de chez vous, et appréciez-en toute la valeur ! Car elle ne fait pas que vous emmener d'un point A à un point B, mais, pendant tout le voyage, elle vous offre accessoirement un énorme avantage : vous bougez ! Du premier au dernier mètre, vous faites quelque chose pour votre corps ! Votre tranquillité d'âme en bénéficie également : vous constaterez que, la plupart du temps, vous arrivez beaucoup plus détendu que si, par exemple, vous aviez roulé en voiture. Car, bien évidemment, l'exercice physique est l'un des meilleurs moyens pour lutter contre le stress, et même pour l'empêcher de survenir. Il va sans dire que faire du vélo sera bon également pour votre silhouette et pour votre condition physique. Un moyen de transport acceptable, plus un petit entraînement physique, un déstressant et un massage psychique, tout cela sans aucune complication et pour pas cher : le vélo est vraiment l'un des plus purs symboles du « moins c'est mieux » !

Un retour aux sensations naturelles

Si vous vous mettez au vélo alors que vous passez une grande partie de votre vie au bureau ou à la maison, ce sera peut-être la première fois depuis votre enfance que vous redécouvrirez le passage des saisons. Au printemps, la traversée d'un petit pont de bois sous lequel gronde un torrent qui projette dans les airs une fine poussière d'eau. En été, l'odeur d'un champ de colza en fleur le long de la route. Le sentiment d'être intimement relié au monde lorsque, pour attendre la fin d'une averse, on se réfugie sous un vieil arbre. Que ce soit à la campagne ou dans une grande ville, la bicyclette permet toujours une foule d'expériences de nature qui vous remettent en contact avec vos propres racines terrestres.

Le sentiment de liberté du deux-roues

Vous ne tarderez sans doute pas à goûter aussi le sentiment spécial de liberté que permet la bicyclette. Pas besoin de chercher des places de parking. Pouvoir se faufiler dans les plus petites rues et passages. S'arrêter juste là où on le veut. N'être séparé de ce qui vous entoure par aucune cloison. Pouvoir se tenir assis bien droit. Voir les autres et les rencontrer. Ne pas être obligé de surveiller aussi strictement son taux d'alcoolémie lorsqu'on sort le soir. Et, tout simplement, n'avoir pas à payer pour se déplacer. Car, une fois votre bicyclette achetée, elle roulera vraiment gratuitement.

Marcher, ça marche aussi !

Il reste une autre manière *less* de se déplacer, la plus classique et la plus humaine de toutes : la marche ! Là, vous n'avez vraiment besoin de rien d'autre que votre corps. Pour beaucoup de petits déplacements autour de votre domicile, la marche à pied est vraiment la solution à envisager. Il est vrai que vous aurez peut-être d'abord quelques blocages personnels à surmonter. Car, dans notre société, aller à pied est bizarrement apprécié – tout dépend des circonstances.

Marcher en montagne, par exemple, est tout à fait bien accepté et bien considéré. Personne ne vous regardera avec commisération parce que vous ne faites pas le chemin dans une voiture confortable. Mais dans d'autres cas, aller à pied risque de « faire pauvre ». C'est du moins ce qu'on croit. Par exemple quand on est tout seul à se rendre à la gare à pied pendant que la moitié du quartier y va en voiture. Ou bien quand vous racontez au bureau que, grâce à cela, vous avez déjà fait une belle promenade ce matin, et qu'on vous répond d'un air mi-surpris, mi-apitoyé : « Vous avez fait *tout ça* à pied ? » Mais oui, vous avez fait ce choix en toute connaissance de cause – et, à chaque pas, vous avez ressenti le rythme régulier de la marche et goûté les impressions de la nature qui s'éveillait autour de vous.

« Tout le monde veut retourner à la nature,
mais personne ne veut y aller à pied. »

La sagesse populaire

D'où vient ce mépris généralisé pour la marche ? Entre autres, bien sûr, du fait que très peu de gens continuent à la pratiquer aujourd'hui – mis à part les inévitables trajets entre le parking et la porte de l'immeuble, ou la traversée des grandes surfaces. C'est pour cela qu'on en a oublié les bons côtés. Les découvertes que vous ferez quand vous aurez pris l'habitude de faire plus souvent de longs parcours à pied seront donc peut-être d'autant plus nouvelles pour vous aussi. Par exemple, vous vous apercevrez que marcher n'est pas forcément du temps perdu, même si on n'avance pas vite. Car ce qui est vrai pour la bicyclette vaut également pour la marche : pendant un temps donné, vous bougez de façon régulière, mesurée et consciente, et vous faites donc bien évidemment quelque chose pour votre santé physique. Mais plus encore pour votre équilibre mental. La marche à pied est apaisante. Regardez autour de vous : vous trouverez difficilement quelqu'un qui soit encore tendu après une heure de marche – à moins d'être terriblement pressé, ou de n'avoir pas encore réussi à surmonter ses préventions contre la marche.

Méditer en marchant

Sur de longs trajets, la marche peut même devenir une forme de méditation, surtout en pleine nature. Les mouvements réguliers et parfaitement naturels du corps font l'effet d'un diapason qui amènerait progressivement l'esprit à fonctionner à son rythme. Pas après pas, on se rapproche de l'harmonie avec soi-même, on se fond dans le rythme de la nature, on se sent plus calme et plus équilibré. En paix intérieurement, éveillé au monde – et on progresse ainsi lentement vers son but.

Cela fonctionne surtout si vous n'êtes pas absorbé par des conversations banales – par exemple sur votre boulot stressant – avec ceux qui vous accompagnent, et si, au contraire, votre attention se porte tranquillement sur la marche et sur vos perceptions du moment. Voyez comme vous dormez bien la nuit après une grande balade de plusieurs heures ! Et si vous osiez un « traitement intensif » ? Partir à pied pour une journée entière, voire pour plusieurs jours ? Qui sait, peut-être vous trouverez-vous un jour sur l'un des anciens chemins des pèlerins – par exemple celui de Saint-Jacques-de-Compostelle, qui connaît un regain de faveur depuis quelques années, et où se rencontrent les gens les plus divers, venus de tous les pays possibles.

Choisissez les plus beaux chemins

Avec la marche, il est encore plus important de faire en sorte, chaque fois que c'est possible, de choisir un chemin qui offre à vos sens des impressions agréables. Cherchez les plus beaux parcours possibles pour les trajets que vous comptez faire à pied. En particulier les trajets quotidiens vers la gare, votre travail ou le centre-ville. Restez à l'écart des grandes routes. Rendez chaque parcours aussi plaisant que possible, en empruntant les petites rues, les avenues résidentielles tranquilles, un chemin qui longe un ruisseau ou qui traverse un bois, un parc municipal ou des prés. Ressentez consciemment la façon dont vos sens prennent leur temps pour percevoir les images, les bruits, les odeurs qui vous entourent. Le matin, même dans une grande ville, on peut entendre le concert des oiseaux. Ou bien essayez ceci : un soir (ou une fin d'après-midi, en hiver), quand le soleil est déjà bas sur l'horizon, marchez pendant une heure ou deux en direction du soleil couchant. On peut le faire même en ville, en choisissant des rues orientées est-ouest. Sentez comme les rayons du soleil, au bout d'un moment, réchauffent non seulement votre visage, mais votre corps tout entier. Si, par-dessus le marché, vous découvrez que votre trajet pour rentrer du travail à pied le soir est l'un de ces « chemins du soleil couchant », c'est la cerise sur le gâteau !

Trop loin, ou plus près que vous ne pensez ?

Votre première pensée quand on vous parle d'aller à pied quelque part est peut-être malgré tout : « Ça va prendre un temps fou ! » Rien d'étonnant à cela : notre notion des distances est réglée sur les moyens de transport motorisés. Nous savons à combien de kilomètres correspond une demi-heure de voiture ou d'avion. Mais la plupart d'entre nous ne savent plus quelle distance on peut parcourir à pied dans le même temps. Notre cerveau et notre petite lâcheté voudraient nous faire croire qu'au bout d'une demi-heure, nous aurions pour ainsi dire à peine quitté la porte de la maison. Alors, pourquoi ne pas faire un essai ? Marchez pendant une demi-heure ou une heure, et voyez où vous êtes arrivé. Selon votre rythme, vous pouvez facilement avoir parcouru deux, trois, quatre kilomètres ou davantage. La plupart de vos trajets quotidiens ne doivent guère être plus longs que cela.

Personne ne vous prendra votre voiture, mais...

Et la voiture ? Ah, il est certain qu'elle ne cadre pas si bien avec la pensée *less*. Une voiture peut vous coûter très cher. Pas seulement financièrement, mais aussi moralement : elle demande beaucoup d'attention, et vous n'en avez pas une réserve inépuisable. Si vous n'aviez pas remarqué jusqu'ici à quel point c'était une charge, c'est sans doute parce que vous y êtes habitué depuis longtemps. Et parce que tout le monde fait ainsi.

Pourquoi pas la taille au-dessous ?

Cependant, vous ne voudrez sans doute pas tout de suite mettre votre voiture dans les petites annonces. Peut-être déciderez-vous simplement de vous y prendre autrement la prochaine fois que vous en achèterez une. Si vous ne préfériez pas déjà les modèles compacts auparavant, faites cette fois le choix délibéré d'une voiture plus légère, moins puissante et de plus petite cylindrée. Aujourd'hui, n'importe quelle voiture de catégorie moyenne a déjà une vitesse de pointe de 200 km/h – ce qui est vraiment un tempo d'enfer. Pour choisir les performances et la taille de votre voiture, regardez plutôt à quoi elle doit vous servir. Il est probable que vous l'utilisez vous aussi essentiellement pour aller travailler, pour faire des courses et pour vous promener dans les environs. Avez-vous vraiment besoin pour cela de 180 CV sous le capot, ou, pire, d'un 4 x 4 ? D'autre part, n'hésitez pas à laisser tomber tous les suppléments et options qui, malgré leur coût, ne sont en réalité que des gadgets.

Roulez-vous vraiment à votre vitesse ?

Et si vous adoptiez un style de conduite *less* ? Pour commencer, réduisez votre vitesse habituelle. Beaucoup d'hommes d'affaires considèrent que leur standing les oblige à rouler au minimum à 150 km/h sur l'autoroute[11], ou mettent un point d'honneur à rentrer du bureau dans un temps donné. Comme la

---

11. 180 km/h dans le texte – rappelons que, sur les autoroutes allemandes, la vitesse de 130 km/h est seulement recommandée. Mais, en France aussi, on considère encore que pouvoir se permettre des contraventions est un signe de standing. (N.d.T.)

réalité ne veut pas toujours suivre, la performance dégénère souvent en stress. L'autoroute est trop chargée, on doit constamment ralentir. Un peu plus loin, on tombe sur d'autres usagers de la route qui, n'étant malheureusement pas au courant du délai imparti, ne voient aucune raison de foncer à travers la ville à 70 km/h. Le remède consiste parfois simplement à accepter la réalité de la route, et en conséquence à reprogrammer à la baisse sa vitesse habituelle.

Au reste, dans les conditions normales de circulation, si vous respectez un peu les limitations de vitesse tout en anticipant les feux de circulation et en vous intégrant bien au trafic, vous arriverez presque toujours à destination aussi vite que si vous aviez passé votre temps à appuyer sur l'accélérateur. Mais vous serez beaucoup plus détendu, et votre facture d'essence beaucoup moins élevée à la fin du mois. Même pendant les longs trajets sur autoroute, il est beaucoup plus agréable de s'adapter à la vitesse générale de circulation plutôt que de s'acharner à faire dégager l'un après l'autre les « lambins » de la file de gauche – tout cela pour se retrouver peu après de nouveau coincé derrière un camion.

Quand bien même il vous faudrait dix ou vingt minutes de plus pour faire un trajet, vous vous épargnerez beaucoup d'ennuis, à vous-même et aux autres conducteurs. Cela vous évitera par exemple de vous énerver contre votre voisin de devant : « Qu'est-ce qu'il a à freiner, cet idiot ? » Et à lui de se demander pourquoi vous vous collez derrière lui comme ça. Ce sera une bonne façon pour vous de contribuer à la sécurité routière, car, entre conducteurs, c'est étonnant comme le ton peut vite monter.

Le mieux est donc de renoncer définitivement à l'énervement et aux insultes au volant. Tout ce que cela vous rapporte, c'est une agitation intérieure que vous devrez faire retomber par une séance de jogging ou d'une autre activité sportive. À l'avenir, gardez votre calme lorsqu'un autre conducteur commet une petite faute qui vous obligera peut-être à freiner ou à donner un coup de volant. Et cela a encore moins de sens de vous énerver lorsqu'une erreur de conduite ou une infraction ne vous touche pas directement ! Pourtant, on voit encore beaucoup de gens faire cela, et se comporter comme si la route était un lieu pour exprimer des émotions personnelles ou pour manifester des talents d'improvisation. Restez calme et détendu. Si la vitesse à laquelle vous roulez habituellement est bien adaptée à l'intensité du trafic, cela se fera tout naturellement.

Peut-être n'avez-vous pas besoin de voiture ?

Si vous n'êtes pas absolument obligé d'utiliser une voiture, vous pouvez envisager la possibilité d'y renoncer tout à fait. À la place, vous pourriez par exemple vous offrir une très bonne bicyclette et une carte d'abonnement au réseau ferré en première classe. Cela peut très bien fonctionner, au moins dans les villes et les agglomérations bien desservies par les transports en commun. Si jamais cette idée vous tente, ou encore si vous devez vous séparer de votre voiture pour des raisons financières : rien ne vous oblige à prendre une décision définitive. Vous vous ferez sans doute plus facilement à l'idée de vivre sans voiture en sachant à l'avance que cela peut être un état transitoire. Pourquoi ne pas essayer pendant trois ou quatre mois ? Considérez cela comme une petite aventure : comment allez-vous vous en sortir ? Quelles expériences allez-vous vivre ? Qu'apprendrez-vous sur vous-même ?

Si cette proposition vous tente vraiment, commencez votre période sans voiture de préférence à la belle saison. Le temps vous facilitera les choses, et vous aurez toutes les solutions à votre disposition : train, transports en commun, bicyclette et marche à pied. D'autre part, vous constaterez peut-être que beaucoup de vos voisins et amis vous emmèneront volontiers avec eux – ce sera l'occasion d'entrer en conversation avec toutes sortes de gens. Faites l'expérience par vous-même : être une personne sans voiture ne vous fait pas tomber tout à coup dans le néant. Au contraire, vous y gagnez beaucoup. Que ce soit un solde positif sur votre compte en banque ou une plus belle silhouette. À quoi s'ajoute l'agréable sentiment d'avoir un souci de moins – et, à l'inverse, plus de temps et de disponibilité pour les choses essentielles.

La voiture partagée

L'idée de renoncer à la voiture vous paraît trop pénible ? Vous n'êtes peut-être pas obligé de prendre une décision aussi radicale. En effet, si vous habitez une ville ou une agglomération importante, il se peut qu'il existe près de chez vous une coopérative ou une agence d'autopartage ! L'autopartage (ou *car-sharing*) fonctionne généralement par adhésion annuelle et avec une carte à puce. On peut alors disposer dans un délai rapide et pour un prix modique d'un véhicule du réseau de l'opérateur. La plupart du temps, un simple appel téléphonique suffit, mais on peut souvent réserver aussi par Internet. Les véhicules sont généralement mis à disposition dans une station où vous avez accès à la clé de la voiture avec votre carte ou en donnant le code reçu lors de la réservation. De cette façon, vous pouvez disposer d'un véhicule pratiquement vingt-quatre heures sur vingt-quatre. De plus, certaines agences travaillent aussi en partenariat avec les services de transports urbains, ou fonctionnent en réseau avec les opérateurs d'autres grandes villes. Pour connaître en détail le fonctionnement du système et savoir si vous avez un opérateur près de chez vous, le plus simple est de vous renseigner sur Internet.

Pourquoi pas le covoiturage ?

Une autre possibilité pour rouler plus détendu en voiture, c'est de voyager à plusieurs, comme cela s'est toujours fait depuis la nuit des temps. Vous trouverez peut-être quelqu'un qui fait régulièrement le même trajet que vous. Chacun prend sa voiture et conduit à tour de rôle : un jour l'un, un jour l'autre. À partir de maintenant, vous passerez moitié moins de temps au volant ! Un jour sur deux, vous profiterez du plaisir de vous laisser conduire. Si vous ne connaissez pas déjà une personne avec qui partager, renseignez-vous sur ce qui existe dans votre ville : covoiturage organisé par les entreprises, associations spécialisées. Enfin, il existe de plus en plus de sites Internet qui mettent en relation les gens qui cherchent des partenaires de covoiturage, quelle que soit la nature du trajet (régulier ou ponctuel, de proximité ou à longue distance). Ces sites de covoiturage sont la plupart du temps gratuits pour tous les participants.

Des vacances différentes

Pas de doute, les vacances sont une des choses que nous préférons dans la vie – et pour elles, nous sommes prêts à tout. Lourdement chargés, nous avalons des milliers de kilomètres autour du globe ou sur les autoroutes du continent, nous ne craignons pas de nous entasser dans des files d'attente et dans des complexes hôteliers d'un goût détestable, nous défendons vaillamment notre chaise longue au bord de la piscine ou notre mètre carré et demi de serviette sur la plage. Nous supportons sans nous plaindre les horreurs du tourisme de masse : les arnaques, le bruit, les foules humaines, la nourriture médiocre, le manque d'espace, le harcèlement des marchands de souvenirs ou des racoleurs des restaurants, les clubs de vacances presque tous semblables dans le monde entier… Du moment que ce n'est pas cher.

Ce n'est guère mieux lorsqu'on est un touriste de luxe. On fait le malin parce qu'on est à l'autre bout du monde : « Oh, je te réveille ? Désolé, ici on a treize heures de décalage horaire avec vous… » On fait des allusions à ce qu'on peut se permettre : « Deux cents dollars la nuit – mais à part ça on n'a pas fait de folies. » On savoure les symboles culinaires du pouvoir : « Le serveur nous a dit que c'était le même vin que boit le Président. » Ou bien on se vante de ses performances culturelles : « Onze sites de temples en sept jours… mais nous avons tenu le coup ! » Même si ce n'est que pour faire du ski, on traverse l'Atlantique d'un coup d'aile pour s'élancer sur les pistes canadiennes. Mais les vacances, ce n'est donc pas fait pour se reposer ?

Rien ne vous oblige à partir tout le temps

« Comment, tu es resté(e) à la maison ? » Celui qui ne passe pas ne serait-ce que les vacances de Pâques à Majorque, aux Canaries ou sur d'autres rivages ensoleillés s'attire assez fréquemment des regards incrédules. Rien d'étonnant à cela, depuis le temps que les médias et la société en général ont fait du départ en vacances un acte obligatoire. Mais qui a dit que les congés devaient forcément servir à partir en voyage ? Si, en réalité, vous n'avez aucune envie de changer de décor, ou si, plus simplement, vous ne tenez pas à gâcher votre temps de loisir en attentes aux aéroports, aux contrôles de passeport ou dans les queues des buffets, faites au moins une fois un autre choix : ne pas partir.

À supposer que la région où vous habitez ne soit pas de celles où les gens se précipitent en masse pendant l'été, on doit y bénéficier d'une agréable tranquillité. Pourquoi ne pas y passer vos vacances, pour une fois ? Dans beaucoup d'endroits en France, le temps estival n'est souvent pas pire que sur la côte d'Azur ! Autour de vous, les gens sont plus détendus. Il n'y a pas trop de monde au bord des lacs de baignade ou dans les piscines de plein air. Il y a de la place dans votre restaurant préféré, et le personnel est aux petits soins pour vous. Si, par-dessus le marché, vous résistez à la tentation d'établir un programme d'activités chargé ou de vous attaquer aussitôt à une quelconque corvée, plus rien ne vous empêche de passer des vacances très reposantes à la maison.

Prenez vos vacances à contre-courant

Bien sûr, nous avons tous envie de partir de temps en temps. Si votre planning de congés n'est pas lié aux vacances scolaires, vous avez déjà un moyen très simple de passer des vacances tranquilles : partir hors saison ! Aucune loi écrite ne vous oblige à partir en vacances simplement parce que c'est le mois d'août. Savourez l'expérience agréablement *less* de ne pas avoir à partager votre destination de vacances avec un trop grand nombre de gens. De plus, les prix sont généralement beaucoup plus bas pour se loger, surtout dans les locations de vacances. Même dans les régions touristiques où la foule se presse durant la haute saison, il peut régner à d'autres moments une atmosphère vraiment détendue.

Moins loin, tout aussi reposant

Prendre des vacances *less* peut aussi vouloir dire que vous choisissez délibérément de partir moins loin. Une semaine en moyenne montagne à deux cents kilomètres de chez vous peut être tout aussi reposante que sept jours dans une île des mers du Sud à dix mille kilomètres. La valeur du repos tient souvent au seul fait de changer d'air. Fixez-vous une limite de durée du voyage, par exemple pas plus de deux heures de route depuis chez vous pour arriver à destination. Savourez le sentiment d'avoir voyagé en économisant le temps, le carburant et la fatigue nerveuse. Et de pouvoir commencer d'autant plus vite à vous reposer.

Des vacances dans votre pays

Si, d'ordinaire, vous aimez passer vos vacances dans des contrées lointaines, vous pourrez trouver d'autant plus agréablement *less* des vacances dans votre propre pays. Pour une fois, laissez-vous tenter par la découverte de ce qu'il peut vous offrir. Mettez à profit le fait de connaître la réalité du pays, ses usages, sa langue. Si le temps n'est pas uniformément beau, considérez ces variations comme une invitation à passer chaque journée d'une façon différente – au lieu de rôtir sur la plage parce qu'il fait trop chaud pour faire quoi que ce soit d'autre.

Si vous avez un préjugé contre les vacances dans votre pays, et même si ce n'est pas la France, pays spécialement réputé pour sa gastronomie, pensez qu'on y trouve quand même, dans certains coins, toutes sortes de restaurants où l'on mange très bien, où l'on est servi aimablement et où l'on rencontre aussi des gens qui, le soir, ne font pas que chanter des chansons à boire. Quand vous passez des vacances dans votre pays, choisissez délibérément de ne pas penser à tout ce qui pourrait être mieux, plus beau ou plus grand ailleurs. Rien ne vous empêche de retourner dans ces autres pays l'année prochaine.

Prenez ces vacances à l'intérieur des frontières comme une occasion de retrouver et de cultiver vos racines. Dans votre pays natal, les monuments, les paysages, les événements historiques ont bien plus à voir avec votre histoire personnelle et vos origines. C'est un sentiment intéressant, en vacances, d'admirer pour une fois les curiosités de sa propre culture plutôt que de celle des autres ! De plus, passer de temps en temps vos vacances dans votre pays vous sera utile lorsque vous rencontrerez des gens venus d'autres parties du monde : vous saurez bien mieux leur en parler.

Si vous voulez passer des vacances encore plus étonnantes, choisissez une belle région frontalière : vous pourrez y faire l'expérience à la fois de votre pays et d'un peu du pays voisin. De ce point de vue aussi, la France est privilégiée, puisqu'on peut, sans quitter ses frontières, à la fois y découvrir des régions très variées et avoir un avant-goût de plusieurs pays européens de cultures différentes – de la Belgique à l'Espagne, en passant par l'Allemagne, la Suisse et l'Italie.

Découvrez des destinations auxquelles personne ne pense

Si, pourtant, vous voulez encore partir à l'étranger : qu'est-ce qui vous fait croire qu'on ne peut passer ses vacances que dans des centres touristiques et des régions bien connues, comme la Toscane, les îles grecques, Majorque ou le Tyrol ? Peut-être aussi en avez-vous vraiment assez des restaurants et des animations des lieux de villégiature du pourtour méditerranéen ? Pour changer, passez vos vacances dans des régions oubliées du plus grand nombre des vacanciers. Cela seul peut déjà vous procurer des sensations merveilleusement *less*.

On peut encore découvrir de tels endroits en Europe, même si cela nécessite évidemment un peu plus d'organisation. Vous ne trouverez pas de vols charter vers ces destinations un peu à part. Dans les agences de voyage, on ne saura pas vous dire grand-chose si vous cherchez des informations sur la Galice en Espagne, sur la côte turque de la mer Noire ou sur la province du Frioul en Italie. Il faudra vous renseigner par vous-même – mais cela ne demande plus guère d'efforts aujourd'hui, entre les informations disponibles sur Internet et les nombreux guides de voyage fort bien faits qui existent.

Faites l'expérience au moins une fois. Aussi parce que, dans ces régions, le niveau des prix reste dans des limites très acceptables. Passez des vacances vraiment détendues dans un lieu que l'industrie touristique n'a pas encore touché. Un endroit où les gens du pays demeurent nettement plus nombreux que les vacanciers. Où la population vous réservera peut-être au début un accueil un peu moins expansif, où les choses iront un peu plus lentement. Et où vous pourrez encore reconnaître un peu partout les particularités et les différences du pays où vous séjournez… ne serait-ce que parce que personne, au restaurant, ne comprendra le français ni l'anglais !

Revenez aux origines du tourisme

Comme chacun sait, le tourisme est une invention britannique du XIXᵉ siècle. En allant là où tout a commencé, vous pouvez passer des vacances follement *less*. Il subsiste un peu partout en Europe des lieux qui conservent l'atmosphère des pionniers du séjour touristique : Bordighera, Biarritz, Saint-Sébastien, le Lido de Venise, Baden-Baden, ou encore bon nombre de villages et de bourgades des Alpes suisses. Dénichez vos propres bonnes adresses secrètes !

À la place des grands ensembles bétonnés et des distractions de masse, vous trouverez souvent là de beaux ensembles parfaitement conservés de constructions hôtelières « fin de siècle » (celui d'avant, pas le XXᵉ !). Il vous faudra probablement renoncer à la boîte de nuit au sous-sol et à la connexion Internet dans votre chambre, mais ce sera largement compensé par un décor grandiose : chambres immenses, hauts murs, splendide salle à manger avec lustres en cristal, meubles anciens, et bien d'autres détails d'aménagement qui nous apparaissent aujourd'hui comme des curiosités. Comme la petite chambre à côté de la vôtre pour loger votre domestique particulier.

La vie dans ces endroits marche généralement à un rythme nettement moins rapide. On cultive des traditions aimablement vieillottes : le thé de l'après-midi dans le pavillon du jardin, la partie de boules quotidienne ou le concert en plein air du dimanche sur la piazza. Vous pouvez passer là des jours entiers à vous croire dans un vieux roman. Jouez un peu au « bon vieux temps » dans l'un de ces saints des saints où la bonne société européenne d'autrefois retrouvait les industriels, les dandys, les artistes et les escrocs pour passer ensemble l'été au frais.

Plus détendu que l'hôtel : les locations de vacances

« Moins c'est mieux » en vacances, cela peut aussi être une question de choix du mode de logement. Au lieu de passer deux semaines dans un complexe hôtelier où tout est organisé, louez une maison ou un appartement. Profitez d'une liberté sans limites entre vos quatre murs bien à vous. Personne ne vous réveille le matin pour faire la chambre. Pas de voisins bruyants. Pas de buffet à gogo au petit déjeuner et au dîner, avec pour résultat qu'on mange trop… et qu'on en est dégoûté au bout de quelques jours. Pas besoin de regarder sa montre pour ne pas rater l'heure des repas. Et surtout, pas d'activités organisées ni d'installations qui vous tiennent constamment sur la brèche : « Chérie, il faudrait quand même qu'on aille essayer l'espace forme… »

À l'inverse, dans une location de vacances, vous pouvez oublier complètement le rythme habituel de vos journées. Vous ne faites que ce dont vous avez envie : dormir jusqu'à une heure de l'après-midi, choisir de manger très peu un jour, lire pendant des heures, méditer, ou simplement rester tranquille avec votre compagnon de vie ou votre famille. Vous décidez vous-même de ce que vous mangez, quand et où – une fois vous aurez assez avec du pain et des olives, une autre fois vous cuisinerez du poisson frais acheté au marché, ou encore vous vous dirigerez vers le restaurant le plus proche.

Vacances *less* de luxe

Si, en tant qu'adepte du « moins c'est mieux », vous avez surtout besoin de repos et de détente, et si l'argent n'est pas un problème pour vous, pourquoi ne pas passer des vacances sur l'eau ? La sensation la plus agréablement *less* sur un paquebot de croisière ou sur un house-boat, c'est la vitesse à laquelle se déplace votre moyen de transport, qui est en même temps votre habitation : selon le type de bateau, vingt, trente ou au maximum soixante kilomètres à l'heure – le plus souvent à allure constante. Le voyage sur l'eau vous permet donc de voir beaucoup de choses en toute tranquillité, sans avoir à refaire constamment vos valises.

Faites par exemple une croisière en mer de quelques jours. Si vous ne partez pas expressément avec un club de vacances, vous pourrez facilement, de temps en temps, échapper au planning des buffets et des excursions ou ne pas participer à la vie nocturne. Ou bien faites une croisière fluviale sur le Rhin, le Danube ou le Rhône… Offrez-vous une cabine avec balcon, installez-vous sur une chaise longue et, pendant quelques jours, regardez le monde défiler paisiblement à vos côtés.

Au cas où vous préféreriez être vraiment seul sur l'eau, les vacances sur un house-boat ou sur une péniche habitable sont peut-être ce qu'il vous faut. En France, mais aussi en Irlande, il existe de nombreux cours d'eau et canaux accessibles aux bateaux de plaisance. Généralement – et selon la taille du bateau –, il n'est même pas nécessaire d'avoir un permis de piloter. Naviguer pendant quelques jours à petite vitesse à travers la campagne peut être extraordinairement reposant. Vous pouvez accoster où vous voulez, et même, pour changer, vous payer de temps en temps un repas dans un grand restaurant ou une nuit à l'hôtel – selon vos envies.

Les « croisières ferroviaires », de plus en plus nombreuses, sont une autre possibilité de combiner moyen de transport et logement. Il s'agit de voyages dans des trains de luxe restaurés, la plupart datant du début du XXe siècle, comme le « Al-Andalus Expreso », dans le sud de l'Espagne. Les trains se composent de wagons-lits, d'un ou deux wagons-restaurants et souvent d'un wagon-salon. Les circuits proposés durent plusieurs jours, pendant lesquels on traverse des régions intéressantes par leurs paysages et leur culture. Comme les croisières sur l'eau, ce sont de vraies vacances « moins c'est mieux ». Ne serait-ce que par l'allure d'escargot à laquelle on passe d'une étape à l'autre. De cette façon, vous pouvez vraiment profiter du paysage par la fenêtre. La vie à bord est délicieusement démodée. Elle vous ramène pour quelques jours au temps où les voyages étaient un plaisir de riche. À la place de la télévision, de la connexion Internet et des animateurs, vous y trouverez souvent des maîtres d'hôtel en livrée, le *five o'clock tea* au wagon-salon, des décors des années 1920 – et toujours du temps à revendre.

Quand les vacances commencent à votre porte

Une idée qui, cette fois, vaut pour tous les adeptes du « moins c'est mieux » : que diriez-vous de vacances à pied ou à vélo ? Et cela en partant directement de devant chez vous ? L'aventure commence dès que votre lieu de résidence a disparu derrière l'horizon. Équipez-vous de bonnes cartes, d'une boussole et de bonnes chaussures, et ensuite, laissez-vous porter par les événements. Par exemple, allez toujours vers le soleil couchant. Ou suivez une ancienne route des marchands ou des pèlerins. Si, en plus de cela, vous vous limitez autant que possible aux chemins de randonnée à travers champs et bois, vous ne devriez pas tarder à retrouver le charme particulier du voyage tel que les hommes le pratiquaient autrefois. L'impression de voyager dans le temps peut être encore plus forte dans des pays industrialisés comme les nôtres. Mais il y a mieux : grâce à la lenteur du voyage, vos pensées et vos émotions se mettent sans peine au diapason de votre corps.

Vacances à la ferme

Dans nos pays industrialisés, où très peu de gens travaillent encore dans l'agriculture, c'est déjà un événement en soi que de passer quelques jours dans un environnement où les journées sont rythmées par les travaux des champs et les soins aux animaux. Les vacances à la ferme – surtout en agriculture biologique – nous font renouer avec les origines de nos principaux aliments. C'est aussi l'occasion d'avoir un aperçu de l'un des plus anciens métiers humains, qui était celui de la plus grande partie de nos ancêtres, il y a quelques générations encore. Cette forme de vacances, très développée en France, existe dans plusieurs pays européens, en particulier en Italie avec le réseau « Aziende Agrituristiche ». La plupart du temps, vous y trouverez non seulement tout le repos possible, mais aussi une excellente cuisine paysanne à des prix très abordables.

Là-haut sur la montagne... loin du stress !

Les vacances en haute montagne peuvent être elles aussi vraiment *less*. Louez un refuge ou un gîte de vacances situé en altitude, dans un endroit isolé. Réjouissez-vous de tout ce que la nature vous permet de vivre : le calme extraordinaire, les panoramas grandioses, les levers et couchers de soleil spectaculaires, le murmure des forêts, les torrents, les cascades, les falaises abruptes... En hiver, on peut y ajouter des quantités de neige que la plaine ne connaît plus depuis longtemps – un spectacle d'une beauté carrément romantique. Et puis, plus haut vous habiterez, plus vous serez proche des éléments déchaînés. Avez-vous déjà assisté à un orage en montagne, dans une haute vallée – quand vous êtes juste dessous, bien à l'abri dans votre petit chalet, à suivre le spectacle par la fenêtre ? Enfin, les vacances sur l'alpe s'accompagnent encore très souvent d'un mode de vie particulier qui ne tarde pas à vous ramener un ou deux siècles en arrière, dans un passé où il n'y avait ni micro-ondes, ni machine à laver, ni télévision, ni Internet. Savourez cette expérience et soyez heureux d'être capable de vous adapter sans problème à cet art de vivre.

Rendez-vous dans le désert

Une variante particulièrement intense des vacances *less*. Notez que rien ne vous oblige à partir à dos de chameau en plein cœur de l'été. Dans la plupart des déserts de l'hémisphère Nord, le climat de l'hiver est tout à fait supportable. On peut être très bien dans un hôtel modeste à la limite du désert. Faites l'expérience au moins une fois, même si l'idée de vacances dans le désert vous paraît bizarre. Le désert procure un sentiment très particulier d'intemporalité et d'éternité. Le paysage n'est quasiment pas altéré par la main de l'homme. Tout est presque exactement comme il y a des milliers d'années. Les saisons elles-mêmes ne modifient pour ainsi dire pas le paysage. Le temps des montres, les repères du calendrier sont pratiquement sans effet. Vous pouvez vous déconnecter complètement de tout. La nuit, la vision du ciel étoilé est une expérience plus intense que dans bien des parties du monde, car aucun éclairage ne vient vous en détourner. Si on ajoute à cela un silence presque absolu, on ne s'étonnera peut-être plus que des religions entières aient pu être « inventées » dans de tels endroits.

Des îles paisibles – sans quitter vos frontières

Il arrive qu'on ait besoin d'un peu plus que de simples vacances *less*. C'est dans ces moments-là que vous pouvez envisager une petite retraite loin du monde. Par exemple en passant quelques jours dans un couvent. De plus en plus de gens osent aujourd'hui tenter l'aventure dans ces îlots de paix en plein cœur de la société de consommation. Vivre un temps parmi des gens dont la vie est consacrée avant tout à la foi et à la spiritualité peut être une expérience passionnante. Pour cela, pas besoin d'aller chercher très loin. En France comme dans la plupart des pays d'Europe, il existe des couvents qui reçoivent des hôtes pour quelques jours.

En vacances, inutile de s'agiter

Quel que soit l'endroit où vous passez vos vacances, ayez un programme « moins c'est mieux ». Laissez plus souvent de côté le guide de voyage. Choisissez délibérément de ne pas visiter toutes les curiosités de la région. Grâce à l'allongement de l'espérance de vie et à l'accroissement de la mobilité dans nos pays, vous aurez certainement l'occasion de visiter les mêmes endroits plusieurs fois si cela vous plaît. Quant à votre équipement sportif, vous n'avez pas besoin non plus de le sortir tous les jours. Laissez-vous plutôt porter par votre inspiration. Par exemple, installez-vous pour une heure ou deux à la terrasse d'un café et prenez le temps de ressentir vos impressions du pays et de la population. Même si c'est à Florence et que vous y venez pour la première fois.

Enfin un peu de « basse technologie »

Les vacances sont toujours une bonne occasion de prendre du recul par rapport à un quotidien de plus en plus envahi par la technologie. Par exemple, gardez votre portable éteint quand vous n'avez pas spécialement besoin qu'on puisse vous joindre en urgence.

N'allumez pas la télévision dans votre chambre d'hôtel. Quant à votre ordinateur portable avec la connexion Internet, l'organiseur et toutes vos petites béquilles électroniques, le mieux est de ne pas l'emporter du tout. Tout ira très bien et vous ne pourrez que mieux profiter de vos vacances si, pendant une ou deux semaines, vous n'écoutez pas les informations, vous ratez quelques épisodes de votre feuilleton préféré et vous ne regardez pas votre messagerie. Il y a quelques années, vous ne vous faisiez pas non plus réexpédier votre courrier chaque fois que vous partiez en vacances.

6

Être bien
dans sa peau
en toute simplicité

*« Le vrai gourmet est celui qui se
délecte d'une tartine de beurre comme
d'un homard grillé, si le beurre est fin
et le pain bien pétri. »*
Colette

Abordons maintenant ce que vous faites chaque jour pour le bien-être de votre corps : manger, boire, vous habiller, faire du sport. Combien vous en faut-il exactement pour vous nourrir bien et avec plaisir, pour donner suffisamment d'exercice à vos muscles, pour être toujours vêtu d'une manière plaisante ? « Beaucoup ! », nous répondent la publicité et les médias. Vraiment ? Vous allez voir que, même au quotidien, le « moins c'est mieux » n'a rien à voir avec le renoncement ni la morosité, mais vous donne en toute chose plus de légèreté.

Chaque repas est une fête

Nous mangeons vite, en marchant, debout, devant la télévision… Entre les repas, nous calmons les « petites faims » avec des en-cas sucrés, des barres chocolatées, des produits laitiers remplis d'additifs. À la maison, nous mettons sur la table ce qui sort du micro-ondes que nous alimentons avec des produits tout préparés. Nous savons la différence entre *crunchy*, *cheesy* et *spicy*.

Au supermarché, nous voulons tout naturellement acheter le moins cher possible – « Achetez malin ! » Même si, pour que l'escalope de dinde ou le poivron soient vendus au faible prix que nous exigeons, il faut que les animaux soient produits en batterie et les légumes industriellement. Lorsque nous mangeons à l'extérieur, surtout les hommes, nous aimons être bien servis. Plus il y en a, mieux c'est ! Nos plats préférés : le bifteck-frites, la côte de bœuf ou l'escalope géante, la pizza ou le hamburger XXL. Sinon, nous nous dirigeons de préférence vers les restaurants qui proposent le buffet à volonté – surtout si nous en avons pris l'habitude en vacances à l'hôtel.

Même quand nous nous considérons comme de « fins gourmets », nous ne sommes pas fondamentalement différents. Il faut absolument qu'on nous serve des produits supposés nobles, comme du saumon ou des crevettes. Mais, parce que ces mets de choix sont achetés par un très grand nombre de gens – et que, bien sûr, nous voulons avoir au « meilleur prix » même les choses plus rares –, la plupart proviennent de l'élevage. Certains mauvais esprits n'ont-ils pas qualifié le saumon de « porc de l'aquaculture » ? Pourtant, lorsqu'on a la chance de goûter au vrai saumon sauvage ou à d'autres produits de la mer fraîchement pêchés, on se rend compte à quel point notre goût a pu être perverti en quelques années.

Ne pourrions-nous pas nous contenter d'un petit peu moins ? Un repas ne peut-il nous plaire que s'il y en a beaucoup pour pas cher ? Devons-nous absolument nous nourrir de produits tout prêts ? Avons-nous besoin, et cela en temps normal, que des aliments de luxe soient vendus si bon marché qu'il ne sera possible de les produire que dans des conditions très discutables ? Et enfin : pourquoi devenons-nous de plus en plus gros ?

« Brut » de la nature

Peut-être notre nourriture n'a-t-elle pas toujours besoin d'être transformée de façon aussi compliquée ni produite industriellement ? Essayez plus souvent des aliments « simples », et qui ont pourtant tout ce qu'il faut pour plaire. La pomme de terre en est un exemple quasi emblématique. On la sort de terre, et c'est tout. De plus, on peut varier les recettes comme avec peu d'autres aliments de base. Ce qu'il y a de formidable avec la pomme de terre, c'est qu'elle a déjà pratiquement le goût d'un plat « complet » à elle toute seule. Par exemple sautée ou sous forme de frites, ou simplement cuite à l'eau, avec un peu de sel, de poivre et d'huile d'olive, et un verre de vin blanc par-dessus. Associées avec d'autres ingrédients : salade, légumes, herbes, viande, poisson, fromage sec ou aux herbes, ou toute autre chose qui vous fasse envie, les pommes de terre peuvent composer les plats les plus variés. On peut les cuire à la vapeur ou au four, les faire sauter, les réduire en purée, les râper, les épicer d'une manière raffinée. Vous connaissez probablement déjà un nombre suffisant de recettes. Si ce n'est pas le cas, offrez-vous un bon livre sur la cuisine des pommes de terre.

On ne se lasse donc pas si rapidement de cet aliment sous-estimé, bien au contraire. Il peut même vous permettre de voyager à travers les cuisines du monde. On utilise la pomme de terre dans beaucoup de pays : tous les pays européens, les deux Amériques, les pays de culture arabe, l'Iran, l'Inde… Vous ferez toujours le même constat : la pomme de terre donne des plats remarquables, pour peu qu'on lui en laisse la chance. Cette phrase des livres de cuisine : « La pomme de terre est la truffe du pauvre[12] » est tout simplement une vérité première.

Avec la pomme de terre, même la provenance est *less* : elle pousse à peu près partout dans le monde. Donc sûrement près de chez vous aussi. Autrement dit, celle que vous mangez n'a pas besoin de faire des milliers de kilomètres autour du globe avant d'atterrir dans votre assiette, mais a des chances de provenir du voisinage ou au moins de la région. Un autre facteur non négligeable est son prix. La pomme de terre est bon marché, et cela toute l'année. Essayez une fois de calculer combien de repas vous faites avec un kilo de pommes de terre, et de comparer avec leur prix. Même celles que vous achetez au marché ou en bio coûtent rarement plus de 1,50 €. Pour l'appétit moyen du « sédentaire », cela fait une bonne base pour au moins trois ou quatre repas.

---

12. L'expression est de Victor Hugo. (N.d.T.)

Enfin, la cuisson à l'eau des pommes de terre, indispensable pour beaucoup de recettes, est bien plus simple qu'on ne le croit souvent. Si vous ne voulez pas vous mettre à la cocotte-minute, achetez une passoire spéciale pour cuisson à la vapeur. Mettez la passoire dans une casserole, versez de l'eau jusqu'au ras de la passoire, ajoutez les pommes de terre, posez le couvercle – puis laissez cuire à petit feu environ une demi-heure à une heure. Même si vous n'êtes pas souvent aux fourneaux, vous saurez au moins faire ça ! Notez bien sur votre agenda le premier jour où vous serez libéré de votre dépendance aux conserves, aux plats cuisinés, aux pizzas livrées à domicile et aux restaurants. Accessoirement, cette façon de cuisiner vous laisse un petit temps de liberté. Pendant que les pommes de terre cuisent de la manière indiquée, vous pouvez très bien aller faire un petit jogging. À votre retour, vos pommes de terre seront prêtes[13].

Bien sûr, cela ne veut pas dire que vous n'allez plus manger que des pommes de terre à partir de maintenant ! C'est plutôt une invitation à rendre à des aliments sous-estimés comme celui-là la place qu'ils méritent dans vos menus, ne serait-ce que par leurs qualités « moins c'est mieux ». Il existe bien d'autres aliments « bruts » qui répondent à ces critères, comme

---

13. Il est préférable de ne pas conserver les pommes de terre cuites plus d'une journée, car elles s'oxydent très vite. Quant aux autres légumes, une fois cuits, il ne faut pas les conserver plus de deux jours (au réfrigérateur). Lorsque vous les réchauffez, prélevez la quantité dont vous avez besoin et laissez le reste au froid. Enfin, n'oubliez pas que les carottes râpées ne gardent toutes leurs vitamines que si vous les préparez au dernier moment ! (N.d.T.)

la carotte, le navet, le céleri-rave, le chou-fleur… et en général tous les légumes de saison dans votre région, que vous pouvez apprendre à repérer sur les marchés. Tout cela permet de se nourrir simplement, sainement et d'une façon économique, mais aussi très plaisante… Essayez seulement !

Simple food contre *fast-food*

Certains plats incarnent le principe « moins c'est mieux » par le plaisir qu'ils procurent avec un minimum d'ingrédients. Les *spaghetti aglio e olio*, un classique de la cuisine italienne[14], sont pour moi un modèle du genre. Ce plat est vraiment très simple à préparer : il faut très peu d'ingrédients, et presque tous très bon marché. Vous en trouverez sans doute une bonne partie dans vos placards, ce qui fait aussi de ce plat une délicieuse solution de dernière minute quand on n'a pas eu le temps de faire les courses : spaghetti, ail, huile d'olive (si possible de qualité supérieure), poivre fraîchement moulu, une pincée de piment rouge séché et concassé – et on peut aussi ajouter un peu de persil finement haché.

Bien préparé et à condition d'utiliser une très bonne huile d'olive, ce plat est un parfait symbole de la devise « moins c'est mieux » – et surtout du plaisir qui y est associé. Car c'est tout simplement succulent. Si vous aviez l'habitude de vous nourrir essentiellement de plats cuisinés et de manger dans les restaurants, les cantines et les fast-foods, ce sera pour vous une expérience fort intéressante que d'éduquer

---

14. Ce n'est pas un hasard si l'inventeur de l'expression « *slow food* » est un Italien, Carlo Petrini. (N.d.T.)

volontairement votre goût à des plaisirs simples, voire minimalistes comme celui-là. Réjouissez-vous de constater qu'il faut parfois très peu de chose pour bien manger.

L'en-cas le plus simple du monde : la pomme

Quand vous avez un petit creux entre les repas, là aussi, choisissez la manière *less*. Que ce soit une petite ou une grosse faim, mangez tout simplement des pommes (de préférence de l'agriculture biologique). Les campagnes publicitaires à plusieurs millions d'euros de l'industrie alimentaire ont presque réussi à nous faire oublier que, contre le « petit creux », il existait autre chose que les barres chocolatées hypercaloriques ou les yaourts industriels qui cherchent sans cesse à nous surprendre avec de nouvelles imitations géniales de morceaux de fruits.

En comparaison, les pommes sont vraiment merveilleusement *less* : elles ne coûtent pas cher, poussent sous nos latitudes, se conservent hors du réfrigérateur et sont disponibles sans problème presque toute l'année. Elles vous évitent une bonne partie de ces petits capitons graisseux qui manquent rarement de s'installer lorsqu'on a pris l'habitude de grignoter des sucreries. Si on les achète au poids, elles ne produisent pour ainsi dire aucun déchet d'emballage. Pour peu que vous les achetiez en bio, vous n'aurez même pas besoin de les éplucher. Vous n'aurez plus à prendre des décisions du genre : « Est-ce que je prends plutôt les "*crispy*" ou les "arôme framboise" ? » Accessoirement, disposées dans un beau plat sur la table de la salle à manger, les pommes peuvent même se rendre utiles comme élément intemporel de décoration. Enfin, vous faites quelque chose pour votre santé, car vous connaissez sans doute le vieux dicton : « Une pomme par jour éloigne le médecin ! »

Pour arriver à manger des pommes, rendez-vous la tâche aussi simple que possible, surtout si ce n'était pas trop votre habitude jusqu'à présent. Par exemple, au travail, achetez dès le lundi votre provision pour toute la semaine – une dizaine de pommes, si vous avez un petit creux deux fois par jour –, et ensuite, vous n'aurez plus qu'à piocher dans la réserve. Même les pommes bio se conservent sans problème plusieurs jours. Et si jamais vous n'aimez pas trop les fruits en principe : dites-vous simplement que vous prenez vos pilules de santé naturelle.

Le bio : parce que vous le valez bien !

Si vous prenez l'habitude de manger plus souvent des aliments bruts ou préparés de façon simple, vous percevrez rapidement les différences de goût entre les produits bio et ceux de l'agriculture conventionnelle. Ce sera déjà une bonne raison pour choisir aussi souvent que possible des aliments bio, si votre budget vous le permet. Beaucoup sont non seulement plus sains, mais bien meilleurs au goût que ceux de la production conventionnelle ! Il vous suffit de tester vous-même en comparant par exemple un concombre bio et un concombre « normal » – ce qui est extraordinaire ici, c'est qu'en réalité, c'est le concombre « bio » qui est la version normale ! En effet, il est simplement produit comme vous le feriez dans votre propre jardin, du moins si vous aviez renoncé à l'usage massif des pesticides. Ou bien essayez de comparer le parfum et la saveur d'un citron bio avec ceux d'un citron cultivé en conventionnel ! Si vous avez encore des doutes à l'égard du « bio », faites chez vous des tests comparatifs entre « bio » et « normal », de préférence avec des aliments de base comme les fruits, les légumes, les produits laitiers, le pain ou la viande. Il ne vous faudra pas beaucoup de temps pour vous faire votre opinion une fois pour toutes, et vous ne serez plus à la merci de l'opinion d'autrui (« Cette histoire de bio, c'est vraiment du pipeau, non ? »). Peut-être aurez-vous aussi plus souvent l'occasion de remarquer qu'il y avait longtemps que vous n'aviez pas senti le vrai goût des tomates, des carottes ou des oranges.

« Mais les produits bio, c'est cher… »

Bien sûr, le prix entre en ligne de compte. Dans la plupart des cas, les produits bio continuent de coûter un peu plus cher que ceux qui proviennent de l'agriculture conventionnelle. Une exploitation bio ne peut tout simplement pas produire au même coût qu'un élevage en batterie, qu'un grand céréalier de la Beauce ou que les serres chaudes de Hollande. Elle doit traiter les animaux et les plantes d'une façon plus « humaine ». Vous n'êtes donc pas près de trouver dans un magasin d'alimentation bio les débauches de promotions et d'opérations « prix bas permanents » auxquelles les supermarchés vous ont habitué.

Alors, que faire si vous souhaitez manger davantage bio, mais sans grever votre budget ? Il peut parfois suffire de manger moins de certains aliments. Par exemple, divisez par deux votre consommation de viande ou de charcuterie, et, à l'avenir, achetez-les dans un magasin ou sur un marché bio. Même si cela coûtait le double – ce qui est loin d'être le cas –, vous n'aurez pas dépensé un centime de plus à la fin du mois ! Vous pouvez aussi compenser le supplément de prix en remplaçant certains produits chers par d'autres plus simples que vous pourrez acheter en bio : par exemple, au lieu d'acheter des crevettes surgelées au magasin discount, achetez du hareng fumé dans les circuits bio.

On n'est évidemment pas obligé de se nourrir bio à cent pour cent. Vous voudrez probablement continuer à acheter dans les magasins et les supermarchés ordinaires des aliments produits en conventionnel – pas seulement pour des raisons de prix, mais aussi parce qu'on ne trouve pas encore en fabrication bio toutes les choses qu'on aime manger. Peu importe : soyez simplement heureux de pouvoir déjà vous nourrir bio jusqu'à un certain point.

Achetez chez Mère Nature

Avec un peu de chance, vous n'êtes même pas obligé d'acheter tout ce que vous mangez. Avez-vous un jardin, une terrasse ou même un simple balcon ? Ce sont tous des endroits où vous pouvez faire pousser vous-même au moins une petite quantité de fruits et légumes ! Cela ne doit pas nécessairement dégénérer en travail. Beaucoup connaissent et apprécient le jardinage comme une forme de méditation. Si jamais votre idée d'un jardin se limite à des visions de carrés de terre tirés au cordeau et parsemés de nains, songez aux potagers toscans ou anglais. Redécouvrir ce que c'est que produire soi-même ses légumes peut être un véritable événement pour nous, hommes modernes qui croyons que ces choses-là poussent dans les supermarchés. Semis, croissance, récolte, vous avez sous les yeux tout le processus de production de votre nourriture. Savourez cette expérience symbolique de vivre de son propre sol. Et, quand vous préparerez un repas avec la récolte du jour de votre magasin privé de fruits et légumes, ce sera pour vos sens un plaisir particulier auquel il n'y aura pas grand-chose à ajouter – mais qui vous montrera à quel point, en vérité, les tomates du supermarché étaient insipides !

À vos fourneaux !

Évidemment, les légumes, le poisson ou la viande ne se transforment pas d'eux-mêmes en un plat allé-chant. Si vous voulez manger *less*, vous ne pourrez pas échapper à la cuisine. Mais « y échapper », qu'est-ce que ça veut dire ? Après tout, peut-être faites-vous partie des gens qui aiment faire la cuisine ! De plus, cuisiner est de plus en plus souvent une activité conviviale. Invitez vos amis à s'activer avec vous à la cuisine. D'ailleurs, personne n'a dit que manger *less* vous obligerait désormais à être aux fourneaux chaque jour. Simplement, cela vaut la peine de vous ouvrir volontairement aux expériences intéressantes que l'on fait en cuisinant soi-même. En particulier, toucher de ses propres mains les produits de la nature, être délibérément en contact avec un produit brut au lieu de se contenter de déchirer l'emballage d'un plat cuisiné. Retrouver la lenteur de la cuisson : vivre pas à pas la transformation des légumes crus en ratatouille, au lieu d'attendre le signal du micro-ondes au bout de deux minutes – « Gling ! », et vous vous jetez sur la nourriture. Enfin, il y a le sentiment de réussite que vous procurera chaque plat. À partir de maintenant, vous pourrez dire : « C'est *moi* qui l'ai fait ! »

Faire la cuisine soi-même, c'est aussi s'ouvrir un espace d'imagination et de créativité. Vous pouvez même cuisiner d'après des souvenirs de vacances. Et vous contrôlez mieux ce qu'il y a réellement dans votre assiette. L'aspect social aussi n'est pas à négliger, si vous cuisinez pour votre compagnon de vie, votre famille ou vos amis. Faites-en l'expérience, si vous n'aviez pas encore essayé jusqu'ici. Même le plus sceptique représentant du sexe masculin connaît certainement au moins une personne – homme ou femme – qui aime faire la cuisine et qui se fera un plaisir de l'initier. Si c'est votre cas, réjouissez-vous de votre nouvelle liberté : à partir de maintenant, vous n'êtes plus tributaire des restaurants, fast-food et plats cuisinés, ni des caprices culinaires d'autrui. Au besoin, vous pouvez vous mettre aux fourneaux et faire exactement ce qu'il vous plaira. Accessoirement, cela vous permettra d'économiser quelques euros par-ci par-là, ce qui vous permettra d'acheter des produits de plus grande qualité et rendra d'autant plus intéressant le fait de cuisiner vous-même.

Mangez moins

Vous l'avez déjà deviné : quand on mange *less*, la question n'est pas seulement ce qu'on mange, mais en quelle quantité. Beaucoup d'entre nous continuent de manger même quand leur faim est depuis longtemps calmée, ou se servent de grosses portions par simple habitude. De plus, la plupart des gens ont des métiers sédentaires, donc des besoins relativement faibles en calories (nettement au-dessous de 2 000 par jour). Si

vous n'êtes pas déjà de ceux qui mangent avec modération : essayez d'appliquer la devise « moins c'est
mieux » aussi à la quantité de nourriture que vous
absorbez. Choisissez consciemment de vous servir
des portions raisonnables. Il vaut mieux en reprendre
plutôt que de tout mettre dans votre assiette tout de
suite. Mangez dans des assiettes plus petites. Si vous
avez très faim au moment de passer à table, prenez
une petite entrée ou des amuse-gueule avant le plat
principal – comme on le fait dans les pays méditerranéens : une salade, des olives avec du pain complet
frais, une soupe, ou même un vrai plat de hors-d'œuvre. Au besoin, une pomme ou un autre fruit peut aussi
faire l'affaire. Ensuite, attendez vingt minutes avant
d'attaquer le plat principal. Entre-temps, même la plus
grosse faim se sera un peu apaisée, et vous mangerez
automatiquement moins.

Autre avantage : moins vous avez dans votre
assiette, plus vous mangez lentement. Tout simplement parce que cela supprime l'impression de devoir
« en venir à bout » que l'on éprouve facilement devant
une grosse portion. Vous savez que le meilleur moyen
d'en profiter, c'est de prendre votre temps, afin de
savourer pleinement le peu que vous avez.

Faites de cette méthode une nouvelle habitude.
À la longue, vous vous sentirez mieux à tout point
de vue : un estomac rempli vous prend de l'énergie,
vous rend paresseux intellectuellement, sans compter que, le soir, il n'a plus trop envie de digérer. Au
lieu de cela, vous éprouvez une sensation de légèreté.
Après un repas, vous avez l'esprit plus clair. Après le
repas de midi, surtout, vous n'éprouvez pas une telle
baisse de tonus. La nuit, vous dormez mieux ; votre

sommeil est plus reposant, sans ces cauchemars que provoque souvent un estomac plein. Votre silhouette aussi en bénéficie. Et, si jamais vous aviez tendance jusqu'ici à toujours manger un peu trop, vous pouvez désormais savourer cet agréable sentiment : c'est vous qui êtes maître de vos envies, et non l'inverse ! Tout à fait accessoirement, vos dépenses de nourriture vont aussi diminuer. Grâce à ce que vous économiserez ainsi, vous pourrez vous offrir des aliments et des produits de meilleure qualité. Vous vous apercevrez probablement que le corps humain s'habitue très vite à manger un peu moins, ce qui est une expérience fort intéressante. Au bout de quelques semaines, les grosses portions de naguère ne vous manqueront pratiquement plus.

Le *nec plus ultra* : la cure de jeûne

Les bienfaits que vous ressentirez en mangeant moins vous donneront peut-être envie un jour ou l'autre de faire l'expérience de la cure de jeûne – même si le mot ne vous paraît pas spécialement attrayant. Mais presque tous ceux qui ont fait une cure de jeûne – ce qui revient à appliquer à l'extrême pendant quelques jours le principe « moins c'est mieux » – ont été enthousiasmés : grâce à l'effet de détoxication, ils ont retrouvé de l'énergie, ont eu besoin de moins de sommeil, se sont sentis beaucoup plus vigilants intellectuellement. Découvrir en soi une nouvelle vitalité peut être un très grand plaisir. Cela permet même à beaucoup de gens d'arrêter de fumer, de réduire leur consommation d'alcool, de retrouver l'envie de faire du sport, ou tout simplement d'être heureux de retrouver le vrai goût des aliments, parce que leurs sens se remettent à fonctionner normalement. Très accessoirement, la cure de jeûne est bonne aussi pour votre budget, puisque, pendant ce temps, vous cessez tout simplement de faire de gros achats de nourriture et d'aller au restaurant.

En cas de doute, demandez à votre médecin si vous êtes en bonne santé physique et pas en déficit de poids. Si, par ailleurs, vous êtes psychologiquement stable et si votre programme n'est pas surchargé, vous pouvez vous lancer. Les vacances sont un très bon moment pour faire une cure de jeûne, puisque vous serez au calme – surtout si vous restez chez vous ou si vous louez une maison. Sinon, vous pouvez aussi réserver un séjour dans un hôtel spécialisé dans les cures de jeûne. Si une cure complète vous paraît trop difficile, vous pouvez essayer de la remplacer par un jour de jeûne hebdomadaire – ou même un jour où vous mangez très peu. Le lundi est un bon jour pour ce répit que vous accordez à votre corps. Il vous permet éventuellement de compenser les petits excès du week-end. Mais, quelle que soit la façon dont vous aborderez l'aventure du jeûne, commencez par vous procurer un bon livre sur le sujet – vous en trouve-rez facilement dans les rayons spécialisés des librairies, ou sur Internet[15].

Manger *less* au restaurant

Au restaurant aussi, on peut manger *less*. Par exem-ple, partagez plus souvent un plat principal avec la personne qui vous accompagne. Dans beaucoup de restaurants, on acceptera même de vous donner deux assiettes pour un plat. Sinon, demandez simplement

---

15. Voir Sophie Lacoste, *Les Surprenantes Vertus du jeûne*, Éditions Leduc.s, 2007.

une assiette supplémentaire et faites le partage vous-même. Le plat principal est souvent assez copieux pour deux personnes, et cela pas seulement dans les restaurants grecs, chinois ou indiens. Surtout si vous prenez chacun une entrée et si vous avez du pain ou des galettes à volonté. Avantage de cette méthode : vous n'avez plus la sensation d'être gavé de nourriture, mais, grâce à l'entrée, vous avez fait un repas suffisamment varié. Si vous êtes seul et que vous n'avez pas une très grosse faim, demandez une demi-portion, lorsque c'est possible (dans certains pays, on les appelle « portions senior » : prenez-les, malgré le nom !). Sinon, choisissez un plat plus léger.

Quelle que soit la solution adoptée, cette tactique *less* a des effets agréables : vous vous sentez mieux après le repas, tout en ayant presque toujours bien assez mangé. L'addition aussi est plus légère. Si, en semaine, vous déjeunez à la cantine, bien que la flexibilité ne soit pas toujours le point fort des cantines, vous pouvez souvent demander une demi-portion. Il est vrai que, comme au restaurant, cela vous coûtera rarement la moitié d'une portion entière, à cause des coûts fixes, mais vous paierez peut-être un tiers en moins.

Manger, c'est important

Augmentez votre plaisir de manger *less* en donnant à vos repas à la maison une jolie présentation : pas de luxe, mais le signe visible de la valeur que vous vous accordez à vous-même et à ceux qui partagent votre repas. Mangez aussi souvent que possible en compagnie agréable, avec des gens que vous aimez bien. Cultivez l'art de la conversation à table – elle n'a pas besoin d'être banale pour être agréable ! Ce n'est pas une mauvaise idée non plus de se taire de temps en temps. Évitez tout ce qui peut perturber l'atmosphère de ce moment sensible : pas de télévision, de téléphone, de lecture ni de discussions trop passionnées en mangeant. Il sera toujours temps quand vous aurez débarrassé la table.

Boire : retour à la source !

Aujourd'hui, le principe « moins c'est mieux » peut aussi s'appliquer à ce que nous buvons. Le comportement de l'homme moderne avec la boisson n'a plus grand-chose à voir avec celui des premiers hommes, qui n'apaisaient leur soif qu'avec de l'eau. La plus grande partie des liquides que nous absorbons sont sous forme de café, thé, boissons gazeuses ou alcoolisées. Choisissez plus souvent la vraie solution *less*, la boisson la plus simple du monde : l'eau !

L'eau minérale, l'eau des sources, est le moyen le plus ancien que l'homme ait à sa disposition pour se désaltérer. L'eau pure, naturelle, lorsqu'elle est suffisamment riche en sels minéraux et en oligo-éléments, est l'une des rares boissons vraiment idéales, ne serait-ce que parce qu'elle ne renferme aucun additif. Sur une bouteille d'eau minérale, vous n'avez pas besoin de lire la liste des ingrédients : l'eau ne contient ni caféine, ni alcool, ni colorants, ni arômes. Elle ne fait pas grossir, ne rend pas ivre. Elle n'attaque pas les dents, ne leur laisse pas de dépôt. Elle n'a pas besoin de gros traitements industriels pour se conserver. Vous pouvez en boire sans mauvaise conscience, et même en grande quantité si votre santé est normale. Elle est ce qui se rapproche le plus du but de la fonction biologique qui consiste à boire, à savoir apaiser la soif. L'eau est sans fioritures, sans grands effets ni inconvénients : totalement *less*. Elle est déjà toute prête à l'emploi dans son état naturel.

Autant l'eau minérale est une boisson *less* simple et bienfaisante, autant il faut être exigeant sur sa qualité. Comparez-en plusieurs sortes. Au fil du temps, votre goût s'affinera et vous sentirez les différences entre une eau de table ordinaire et une eau provenant d'une source de montagne.

Donnez à votre corps la meilleure eau minérale que vous puissiez trouver de cette façon – et faites-le aussi souvent que possible. Si vous avez le choix entre plusieurs eaux de qualités et de goûts comparables, prenez celle qui est captée le plus près de chez vous. Choisissez autant que possible de l'eau très peu ou pas du tout gazéifiée : c'est ainsi que vous retrouverez le mieux dans votre verre la boisson *less* originelle, celle que la nature a prévue pour vous.

Allez chercher votre eau vous-même

Peut-être serez-vous séduit par l'idée d'aller de temps en temps chercher vous-même votre boisson *less* dans la nature, c'est-à-dire à l'un de ces réservoirs naturels que sont les sources. Si vous habitez une région riche en eau, il existe probablement dans les environs des fontaines accessibles au public. Certaines sont « enfermées » dans des sortes de petites chapelles. Faites simplement attention à ne pas prendre d'eau à une source située trop près des habitations, ou encore sur des surfaces exploitées en agriculture intensive. Dans le doute, abstenez-vous, ou renseignez-vous auprès de la mairie du lieu.

Il y a cent ans, quand il n'existait pas encore de réseau de distribution couvrant tout le territoire, il était parfaitement naturel d'aller chercher l'eau à la fontaine. Un grand nombre de ces fontaines fonctionnent encore, surtout à la campagne. Le dimanche, il arrive même qu'on trouve auprès de certaines d'entre elles une file de gens attendant patiemment leur tour pour remplir les bouteilles qu'ils rapporteront chez eux. Faites l'expérience : boire de l'eau que vous êtes allé chercher vous-même à la source peut être une sorte d'événement archaïque, en contraste complet avec le vécu ordinaire d'une époque où, pour la plupart des gens, l'eau vient du robinet ou du supermarché.

Vos yeux boivent aussi

Vous pouvez encore augmenter le plaisir que procure une excellente eau minérale ou de source en la buvant dans des verres adaptés à cet usage. Goûtez « votre » eau minérale dans de beaux verres à eau. On peut vous conseiller dans un magasin d'arts ménagers ou un rayon spécialisé. Beaucoup de séries de verres à vin ont un verre à eau assorti. Vous serez étonné de constater combien le fait de boire votre eau préférée dans ces beaux verres ajoute à votre plaisir.

Boire de l'eau, c'est souvent suffisant

L'eau peut remplacer bien des boissons que vous prenez habituellement. Si vous voulez réduire un peu votre consommation quotidienne de café, essayez de boire de l'eau chaude servie dans une tasse à café : vous serez surpris de constater qu'au bout de quelques semaines, votre corps s'y est habitué. Même au petit déjeuner, il devient capable d'accepter l'eau chaude comme sa nouvelle boisson rituelle pour se mettre en route.

Lorsqu'il fait très chaud, c'est une bonne idée aussi de remplacer les boissons glacées par de l'eau chaude, voire très chaude. Dans beaucoup de pays méditerranéens et en Arabie, les hommes boivent traditionnellement depuis des siècles du thé brûlant.

Dans les soirées entre amis, lorsqu'il y a sur la table des boissons telles que vin et bière, prenez l'habitude de boire aussi de l'eau. Cela atténue les effets de l'alcool et restitue à votre corps un peu du liquide que l'alcool lui enlève. Ainsi, si jamais il vous arrive de boire un peu plus qu'il n'est bon pour vous, les conséquences seront moins fâcheuses.

D'ailleurs, boire plus souvent de l'eau minérale est la façon la plus simple de diminuer votre consommation habituelle de boissons gazeuses sucrées et d'un certain nombre de boissons sucrées à base de jus de fruits. Au bout de quelque temps, la plupart de ces boissons ne vous manqueront plus du tout, et vous ne vous les offrirez plus que lorsque vous en aurez vraiment envie.

Ce bon vieil alcool

Vous ne serez sans doute pas surpris si je vous dis que boire *less* peut aussi signifier réduire votre consommation d'alcool. Ce n'est peut-être pas une mauvaise idée que d'examiner d'un peu plus près vos habitudes en la matière. Cela dépend aussi du pays et de la région où vous habitez. Dans les régions méditerranéennes, comme en Italie ou en Espagne, on est très vite déconsidéré lorsqu'on se montre visiblement ivre, alors que plus au nord, comme en Allemagne et dans les pays nordiques, c'est plutôt la quantité qui prévaut lorsqu'on boit du vin ou de la bière. Entre hommes, surtout, « tenir l'alcool » est souvent considéré comme une vertu. Mais n'importe qui peut se rendre compte par expérience que le plaisir n'est pas vraiment au rendez-vous, et qu'à l'inverse, les effets qui se manifesteront dès le lendemain ou plus tard dans la vie n'en seront que plus violents.

Une solution possible : prenez l'habitude, lorsque vous n'avez pas spécialement envie d'un verre de vin ou d'une bière, de les boire plutôt en mélange avec de l'eau gazeuse ou de la limonade (vin limé, panaché). C'est surtout valable lorsque vous êtes dans une réunion conviviale, où on boit facilement quelques verres de plus. Ainsi, vous pouvez réduire de moitié votre consommation d'alcool en buvant le même nombre de verres, sans que le plaisir en soit vraiment diminué – car la boisson a plutôt ici une fonction d'accompagnement. Vous n'êtes pas là pour déguster une bière avec tous vos sens, mais pour bavarder avec des gens.

Cette méthode est également valable avec le champagne ou les vins pétillants comme le prosecco, si vous les mélangez avec du jus d'orange. Mais si vous préférez boire votre vin pur, ayez à côté un verre ou une bouteille d'eau minérale. Si vous êtes dans un endroit où cela vous coûte trop cher, un verre d'eau du robinet fera l'affaire. Buvez l'eau en alternance avec le vin. Et, pour commencer, ne vous offrez des boissons alcoolisées que lorsque vos sens sont vraiment disposés à les savourer consciemment – la bière pression fraîchement tirée, à la terrasse d'un café le soir en sortant du boulot, le grand vin dans un repas de fête.

Un plaisir « à consommer avec modération » : les grands vins

Puisqu'on parle du vin : parmi les boissons alcoolisées, c'est peut-être lui qui incarne le mieux à la fois l'idée de *lessness* et le plaisir du « moins c'est mieux ». Les vins de très grande qualité, en particulier, ne se « descendent » pas comme ça, à moins de vouloir vraiment s'y prendre par la force ! Sinon, ils se prêtent plutôt à une lente dégustation. Savourer, humer, regarder un verre de grand vin est une expérience forte. On a automatiquement tendance à en boire moins, parce que la sensation est bien plus intense à chaque gorgée – surtout lorsque ce noble breuvage est servi avec des plats dignes de lui.

En France, l'un des pays de la dégustation, on a même inventé une unité de mesure spéciale, la caudalie, pour exprimer le temps où une gorgée de vin reste présente en bouche et à tous les sens après qu'on l'a bue : une caudalie correspond à une seconde. Vingt caudalies, c'est bien, cinquante et plus, c'est grandiose. Bien sûr, un vin de grand cru a son prix. Mais il ne se fera pas nécessairement sentir, parce qu'une seule bouteille peut procurer autant de plaisir des sens que deux. Vous ferez l'expérience dans les bons restaurants, en vous faisant servir un seul verre d'un bon vin rouge ou blanc à la place d'un quart ou d'une demi-bouteille.

Rester en forme à peu de frais

La question ne se pose même pas : pratiquer un sport régulièrement, mais avec modération, fait du bien à votre corps comme à votre esprit. Mais aujourd'hui, entre le marketing publicitaire intensif et le lancement de nouveaux sports à la mode, entretenir ses muscles et garder la forme peut finir par coûter très cher. Même si vous entrez dans un magasin de sport pour acheter une simple paire de chaussures, vous serez confronté à toutes sortes de concepts technologiques qui vous feront vite tourner la tête : matériaux de surface, structures de semelles, systèmes d'amortissement des chocs, fonctions de ventilation active… Tout cela pour pouvoir seulement faire un petit jogging dans le parc.

Cela n'a rien d'étonnant : l'industrie du sport, comme bien d'autres, souffre du fait que nous soyons depuis longtemps largement équipés pour les sports que nous pratiquons déjà. La seule façon de relancer constamment les affaires consiste donc à mettre en avant des innovations techniques et des modes. Cette année, on vous annonce que les vêtements se porteront cintrés, l'année prochaine, vous ne pourrez faire bonne figure qu'avec des couleurs fluo. Pour le ski, il est devenu presque impossible de suivre les innombrables variantes dans lesquelles les planches sont proposées : lorsqu'on revient sur les pistes après seulement deux ou trois ans d'absence, on a souvent un choc en s'apercevant qu'on a une tenue tout à fait démodée et un équipement techniquement dépassé. Cette évolution vous coûte d'autant plus de temps et d'argent que vous pratiquez un sport qui nécessite un gros équipement – en particulier les sports d'hiver, où il faut beaucoup de vêtements de protection en plus du matériel.

> « *Beaucoup de plaisirs consistent en ce qu'on est*
> *content de se passer d'eux.* »
>
> Peter Rosegger

Avec les nouveaux sports, on franchit un degré supplémentaire : il existe souvent un catalogue en bonne et due forme qui vous explique de quel équipement vous avez besoin, quand il sera dépassé et devra être remplacé, où vous devez pratiquer ce sport et quelle gestuelle vous devez adopter – en plus du jargon spécialisé – pour être vraiment « dans le coup ». On a observé ce phénomène pour la première fois dans les années 1970, quand le ski a commencé à se présenter comme un sport « de masse ». Quant à l'équipement nécessaire pour pratiquer les sports à la mode, il faudra bien ensuite le ranger quelque part dans la maison : encore un coin de cave occupé. Au bout d'un moment, il faudra même acheter une nouvelle voiture pour pouvoir transporter tous ces articles de sport jusqu'à l'endroit où vous les utiliserez.

Pourtant, c'est parfois nous qui nous compliquons inutilement la pratique d'un sport. Nous prenons pour modèles les mannequins sportifs surentraînés qui posent en couverture des magazines de *fitness*, ou bien nous essayons de suivre des programmes d'entraînement terriblement ambitieux. Beaucoup d'entre nous revêtent des équipements professionnels dont un champion olympique n'aurait pas à rougir, quand un tee-shirt suffirait largement eu égard à notre condition physique.

Votre sport préféré est-il vraiment *less* ?

En matière de sport, la devise « moins c'est mieux » commence avec le choix de celui que vous pratiquerez.

Tenez-vous-en davantage à ceux qui ne sont pas trop liés à un lieu particulier, et que vous pouvez pratiquer un peu partout autour de chez vous. Il est bon aussi de ne pas avoir besoin d'un équipement compliqué ou qui comporte beaucoup d'éléments. Cherchez un sport où on n'attendra pas de vous que vous changiez de matériel ou de tenue chaque année pour ne pas avoir l'air de « dater » dans la queue du tire-fesses ou sur la piste. Si vous vous décidez malgré tout pour un sport à la mode : n'achetez pas tout l'équipement d'un seul coup, mais petit à petit. Ainsi, vous aurez le temps de vous rendre compte si cette activité vous plaît vraiment, ou si elle n'est finalement pas aussi formidable qu'elle n'en a l'air à la télévision.

Un vrai sport *less* : le jogging

Courir est vraiment un sport « moins c'est mieux » : vous pouvez le pratiquer chaque jour, presque toute l'année. Son coût est ridiculement faible : mis à part une bonne paire de chaussures de jogging et peut-être un petit guide pour vous initier aux principes de base, tout le reste de votre équipement peut consister en vêtements de sport simples et courants. Tout cela tiendra donc sur une demi-étagère. De plus, vous n'avez pas à vous rendre sur des terrains de sport particuliers, accessibles seulement en voiture et où il faut payer une cotisation de membre. Au contraire, vos jambes apprécieront bien mieux le terrain souple des chemins à travers bois, parcs et champs.

Lancez-vous ! Il y a sûrement un bois ou un parc pas trop loin de chez vous, peut-être même une rivière qui longe une vallée, ou un réseau de sentiers de randonnée. Savourez la nouvelle perception des saisons que vous développez en étant souvent dehors pour courir. Sortez quel que soit le temps : faites l'expérience aussi bien de la chaleur étouffante d'une soirée d'août que du froid d'un matin enneigé de janvier.

Réjouissez-vous de la vitesse à laquelle vous progressez en quelques semaines seulement, surtout si vous êtes débutant. Vous n'avez pas besoin d'un chronomètre pour le constater : il vous suffit de savoir que vous parcourez une distance toujours plus grande, ou que vous faites un plus grand nombre de tours. En même temps, votre corps s'endurcit, lentement mais sûrement. Votre résistance s'accroît. Même votre façon de vous nourrir devient plus saine : un corps habitué à courir signale plus clairement de quoi il a besoin et ce qui est bon pour lui. Une autre chose agréable est que le jogging n'est plus aussi à la mode qu'avant. De toute évidence, ce sport n'offre pas assez de possibilités d'investissement en matériel ! Mais c'est loin d'être son seul intérêt.

Courir peut aussi vous éviter d'avoir à payer des consultations coûteuses ou des séminaires de créativité : quand vous courez, votre esprit se libère si efficacement qu'il vous vient toutes sortes d'idées au passage, et vous pouvez même trouver subitement la solution à tel ou tel problème. Et, pour le même prix, vous êtes tout naturellement de meilleure humeur : si vous êtes rentré du travail un peu frustré, après deux ou trois tours de jogging, le monde vous paraîtra presque toujours meilleur.

Partez en balade !

Ne vous laissez pas décourager par les termes vieillots ou par les images un peu trop pittoresques qui vous viennent peut-être à l'esprit quand vous entendez parler de la marche à pied : c'est vraiment l'un des plus beaux sports possibles pour mettre en pratique la devise « moins c'est mieux ». Là encore, pas besoin de s'embêter avec des histoires d'équipement. Une paire de bonnes chaussures de marche achetées en magasin spécialisé, des vêtements appropriés, et c'est tout. Autre avantage : vous pouvez marcher pratiquement n'importe où, pour peu que le paysage vous plaise. Peut-être même pourrez-vous partir à pied directement de chez vous.

Marcher, c'est se déplacer à la vitesse la plus humaine qui soit. On peut s'imprégner calmement des impressions du paysage, de la nature, du temps. Et si vous ne considériez pas encore la marche comme un « vrai » sport, faites une randonnée de trois, quatre heures ou plus. Même en terrain plat, vous sentirez fort bien par la suite que vos muscles auront travaillé, surtout si vous avez marché d'un bon pas.

Vous habitez au milieu d'une grande ville, et il vous faut trop de temps pour vous rendre en pleine campagne ? Vous pouvez marcher quand même. Simplement, faites-le un dimanche, en traversant la ville quand la circulation est faible et que les gaz d'échappement ne polluent pas trop l'atmosphère. Composez-vous un joli parcours de petites rues tranquilles, en traversant des parcs ou en longeant un cours d'eau. À Munich, on peut marcher pendant des heures dans les jardins anglais ou sur les bords de l'Isar, mais, même dans le béton parisien, il est possible de flâner une bonne demi-journée en suivant la Seine.

Les pieds sur les pédales

Votre bicyclette aussi peut devenir un équipement sportif. Vous n'êtes pas obligé d'acheter immédiatement à prix d'or un vélo tout-terrain ou un vélo de course dernier cri. Commencez par vous servir de votre bonne vieille bicyclette. Passez deux ou trois heures à parcourir les environs : ça aussi, c'est du sport, et, si vous le faites souvent, ce sera bon pour votre forme. Le terrain de sport – que ce soit la piste cyclable ou le sentier en forêt – est lui aussi très « moins c'est mieux » : vous pouvez aller pratiquement n'importe où, aussi loin que vous voulez, en partant de chez vous. Aujourd'hui, même les très grandes villes ont généralement un réseau de pistes cyclables acceptable et bien balisé. La variété ne manque pas : vous pouvez suivre à chaque fois un parcours différent. Tout cela sans rien avoir à payer. Accessoirement, vous passez davantage de temps dehors, vous pouvez admirer le paysage et peut-être découvrir la région. Vous pouvez aussi profiter de cette forme sans prétention de pratique du cyclisme pour faire certaines courses à l'aller ou au retour, par exemple porter le courrier à la boîte aux lettres ou rapporter du pain, en fixant un panier métallique sur votre porte-bagages.

La natation : un équipement réduit au minimum

Nager est un sport particulièrement *less* au moins sur un point : l'équipement est tout ce qu'il y a de plus minimaliste. Il suffit d'un maillot de bain de quelques grammes et d'une serviette éponge. Quant aux lieux où pratiquer ce sport, on a souvent le choix : depuis quelques décennies, même les plus petites villes sont généralement équipées d'une piscine, couverte ou au moins de plein air. De plus, l'été, on peut le plus souvent nager gratuitement dans les lacs autorisés à la baignade.

Le sport en salle *less*... ça existe aussi

Vous aimeriez bien fréquenter un club de remise en forme ? Regardez bien autour de vous, afin de ne pas avoir à payer des fantaisies inutiles. Vous n'avez peut-être pas besoin de tous les extras, programmes complémentaires et offres gastronomiques que proposent certains clubs. Si vous voulez seulement faire travailler un peu vos muscles et entretenir votre corps, il existe dans la plupart des grandes villes des clubs où l'on trouve tous les équipements indispensables, sans musique ni bar, ni boutique vendant des boissons et des poudres miracles.

La location : moins cher et plus tranquille

Comme dans les autres domaines de l'existence, suivre le principe « moins c'est mieux » en sport ne vous oblige pas à faire des choix définitifs, pour ou contre ceci ou cela. Si l'envie vous prend d'aller vous ébattre pendant quelques jours sur les pistes de ski des Alpes, ou si vous envisagez de vous mettre au wakeboard, devez-vous pour autant acheter tout de suite l'équipement complet ? Bien sûr que non. On peut aujourd'hui louer presque tous les équipements de sport. Avec Internet, vous saurez généralement en un rien de temps où vous adresser.

Par exemple, on peut souvent louer les équipements de ski et de snowboard directement au pied des pistes. Beaucoup de loueurs ont un choix remarquable et peuvent même vous fournir du matériel de compétition, si vos exigences vont jusque-là. De même, on peut louer des planches de surf partout où sa pratique est permise. Ensuite, vous rendez le matériel et vous rentrez chez vous tout léger – au plein sens de ce mot. De cette façon, vous pouvez essayer sans problème des sports et des matériels différents et faire ainsi vos premières armes.

Être « en forme », jusqu'à quel point ? C'est encore vous qui décidez !

Pratiquer un sport dans l'esprit « moins c'est mieux », c'est avant tout l'aborder avec décontraction. C'est indispensable si vous ne voulez pas être contaminé par le virus de la performance, du moins dans ce domaine. Ne vous laissez pas impressionner par les couvertures des magazines sportifs ou de mode, ni par les fanfaronnades de vos collègues de travail. Vos muscles se développeront si vous leur en laissez le temps, aussi avec des pauses – et pas parce que vous retournerez dès demain faire encore quatre heures de musculation. Décidez quel est votre rythme personnel et quel but vous vous fixez. Personne n'est à l'arrivée pour vous chronométrer. Même si tout le monde passe devant vous, quelle importance ? Dès que vous ne serez plus distrait par des comparaisons déplaisantes, vous serez content d'être capable de concentrer votre attention sur vos propres résultats, et vous en concevrez sans doute une légitime fierté. Si, de cette façon, vous gardez un poids raisonnable pour votre âge, vous vous sentez en forme et vos muscles fonctionnent bien, et si, en plus, vous prenez plaisir à pratiquer un sport, c'est qu'il remplit parfaitement son but. Vous profiterez ainsi d'autant mieux de votre bonne forme.

Ce que le docteur ne vous dit pas

Peut-on appliquer le principe « moins c'est mieux » en matière de santé ? Ne craignez rien : personne ne veut vous forcer à des expériences hasardeuses. Si un jour vous êtes sérieusement malade ou si vous souffrez vraiment, ce ne sera pas le moment de refuser le remède ou l'opération qui pourront vous soulager ou vous sauver la vie. En ce qui concerne votre santé, « moins c'est mieux » signifie surtout faire en sorte, autant que possible, de ne jamais tomber malade. Ainsi, vous aurez d'autant moins recours aux comprimés, pilules et autres remèdes. Commencez par empêcher un certain nombre de maux de survenir, et vous gagnerez le temps qu'ils vous auraient fait passer chez le médecin et en traitements divers. Inutile de dire que ce « moins » sera vraiment un « plus » pour votre vie, et que vous en profiterez pleinement : personne n'aime à être malade !

Votre santé, c'est aussi votre affaire

La façon la plus simple de réduire votre « consommation » de médicaments et de consultations médicales à l'avenir, c'est bien sûr la prévention. Peut-être pourriez-vous déjà éviter tous ces médicaments que vous prenez l'hiver contre la grippe et les coups de froid, quand vous avez le nez qui coule et mal à la tête. La plupart des gens souffrent aujourd'hui de carences chroniques en vitamines, sels minéraux et oligo-éléments, ce qui n'a rien d'étonnant, étant donné la composition de notre alimentation. C'est pourquoi beaucoup d'entre nous sont plus sensibles aux refroidissements qu'ils ne devraient l'être – ou souffrent toute l'année de maux tels que la fatigue chronique ou une peau fragile.

Essayez de passer l'hiver en meilleure santé, voire sans être malade du tout, en recourant à des moyens simples de prévention : en prévision de la prochaine épidémie de grippe, prenez en quantité modérée, mais régulièrement, au plus tard dès l'automne, un bon complexe multivitamines et minéraux, de préférence celui que votre médecin sera d'accord pour vous conseiller.

Vous ne tarderez pas à noter l'effet bénéfique sur votre santé, surtout si vous fumez, n'avez pas une alimentation particulièrement saine et ne vous aérez pas beaucoup. Peut-être constaterez-vous avec plaisir que votre système immunitaire est notablement renforcé : vous n'avez plus le rhume ni la grippe, ou ils passent beaucoup plus rapidement.

Prévenez l'apparition des maux

Même le mal de tête, pourtant si courant, peut dans bien des cas être prévenu. Il suffit parfois simplement de rétablir l'équilibre des sels minéraux dans le corps, ou encore de boire plus souvent. On peut aussi avoir besoin de résoudre une situation de conflit intérieur avec l'aide d'un psychothérapeute. Beaucoup de maux physiques sont causés avant tout par une tension psychique. En tout cas, cela vaut toujours la peine d'essayer, au cas où ce serait vraiment pour vous le moyen de fermer le robinet des médicaments. Ou peut-être souffrez-vous, comme bien d'autres, de problèmes de dos dus à la position assise prolongée ? Dans ce cas, un entraînement musculaire médicalement encadré peut suffire à vous épargner ces douleurs.

La prévention joue également un grand rôle lorsqu'il s'agit de vos dents. Vous pouvez faire beaucoup pour les garder en bonne santé et éviter des visites douloureuses chez le dentiste si, en plus de vous brosser les dents régulièrement, vous utilisez le fil dentaire et vous vous brossez la langue. Faites aussi effectuer deux fois par an un détartrage et un nettoyage spécial par un bon dentiste, même si cela doit vous coûter un peu d'argent. Le bénéfice sera doublement agréable : comme cette prévention est pour ainsi dire indolore, vous vous habituerez à aller chez le dentiste non pour avoir mal, mais pour faire du bien à votre corps et à vous-même. Considérez donc cela comme faisant partie de l'art de vivre.

Soyez bien informé

Adoptez comme principe de base l'idée de prévention et d'un mode de vie aussi sain que possible. Il est beaucoup plus intelligent d'en faire chaque jour un peu pour sa santé sans avoir à se poser de questions, plutôt que de se bagarrer ensuite avec des médicaments, ou même avec des opérations qu'on aurait peut-être pu éviter.

Par chance, de nombreuses générations avant nous ont accumulé tout un savoir sur ce sujet, et il existe aujourd'hui beaucoup de moyens d'éviter l'apparition de toutes sortes de maux, ou au moins de faire en sorte qu'ils vous ennuient beaucoup moins. Prenez le temps de lire quelques livres sur ce sujet – par exemple sur le jeûne curatif, ou sur la façon de maintenir l'équilibre acido-basique de votre corps.

En mettant en pratique des conseils tirés de vos lectures, vous contribuerez de façon décisive à faire en sorte que votre consommation future de médicaments et de remèdes contre la douleur soit du genre « moins c'est mieux ». Pour beaucoup d'entre eux, peut-être même n'aurez-vous pas du tout à les prendre.

Devenez votre propre conseiller en matière de santé

Si vous vous plongez régulièrement dans votre petite bibliothèque de livres sur la santé, vous pourrez parler prévention avec votre médecin sans toujours paraître totalement novice. Et vous serez au moins débarrassé de l'idée que c'est toujours au médecin de vous informer là-dessus – par exemple qu'il doit vous expliquer sans que vous le lui ayez demandé pourquoi un bon équilibre acido-basique est important pour votre santé. En réalité, même à notre époque très médicalisée, c'est aussi un peu à vous de vous mettre au courant de toutes ces questions. Ce qui ne vous empêchera pas, ensuite, d'en discuter avec votre médecin.

« Le plus pauvre n'échangerait pas sa santé pour de l'argent, mais le plus riche donnerait tout son argent pour la santé. »

C. C. Colton

Et si jamais vous tombez malade quand même : ne vous contentez pas de lutter contre les symptômes, mais, là encore, cherchez autant que possible les causes. Dans ce domaine, vous pouvez trouver beaucoup d'informations sur Internet. Posez-vous entre autres les questions suivantes : comment votre

maladie est-elle apparue ? Quels facteurs l'ont favo-
risée ? Que faudrait-il que vous changiez peut-être
dans votre mode de vie, même s'il n'a à première
vue rien à voir avec votre maladie ?

Ne renoncez pas à découvrir la vraie raison d'une
souffrance, même si cela devait vous prendre des
semaines ou des mois pour y parvenir. Peut-être la
cause est-elle en réalité de nature psychique, et il
est donc en votre pouvoir d'y remédier[16]. C'est une
autre façon de prendre vos responsabilités dans la
préservation de votre santé, et ce sera pour vous
une joie de sentir que, même dans ce domaine, vous
avez un certain contrôle sur votre vie.

Attention, maladie à la mode !

Vous ne serez sans doute pas très surpris d'apprendre
qu'à notre époque, l'industrie pharmaceutique elle
aussi prend des initiatives en matière de marketing.
Plusieurs livres nous ont récemment ouvert les yeux
sur cette question, en particulier celui de Jörg Blech,
Les Inventeurs de maladies[17]. De plus en plus, dans
les médias, on nous parle de « nouvelles » maladies
qui, en réalité, sont plutôt des concepts élaborés par
les laboratoires pharmaceutiques et « ciblés » par
leurs services de relations publiques.

---

16. Beaucoup de maladies sont liées à la dépression chronique et à l'af-
faiblissement du système immunitaire dus à des souffrances vécues dans
l'enfance – comme l'ont montré les recherches récentes sur le développement du cerveau. Il est donc important, dans le « travail sur soi », de
rechercher des causes objectives et non « fantasmatiques ». (N.d.T.)

17. Jörg Blech, *Les Inventeurs de maladies*, Actes Sud, 2005, trad.
Isabelle Liber, postface de Martin Winckler.

Parmi les exemples récents, on peut citer le fameux « syndrome de Sissi », présenté comme une nouvelle forme de dépression féminine. De même, on a « découvert » que les hommes connaissaient eux aussi une phase désagréable du vieillissement, l'andropause, vendue comme une sorte de maladie contre laquelle il fallait absolument faire quelque chose. Par exemple, investir dans de coûteux remèdes de complément ou dans des traitements hormonaux.

Ce qui est gênant dans tout cela, c'est que cette tendance à développer des concepts de maladies à la mode est encore si nouvelle que la plupart des gens n'en ont pas une grande expérience. Il leur est donc difficile de savoir dans quels cas cela ne cache rien d'autre qu'une idée de profit. L'esprit critique dont nous ne manquons pas dans beaucoup d'autres domaines fond malheureusement comme neige au soleil dès qu'il s'agit de l'intérêt de notre santé.

Or, les médias rendent des services inestimables dans la propagation de ces nouvelles « maladies ». Beaucoup de magazines et de sites Internet publient sans aucune précaution – souvent sans y changer grand-chose et sans rien vérifier – les articles et études qui leur sont transmis par les agences spécialisées. Cela n'a rien d'étonnant, car peu de gens dans les rédactions ont fait des études de médecine. De plus, toutes ces nouvelles maladies et ces valeurs de référence pour les taux hormonaux selon l'âge ont le plus souvent une apparence tout à fait crédible. Alors, que faire ?

Le mieux est d'aborder ces articles sur les nouvelles maladies avec un certain scepticisme. Donnez-vous le droit d'accepter comme une chose normale le processus de vieillissement, et vous constaterez avec plaisir que vous vous sentez tout à coup en bien meilleure santé. Investissez plutôt votre temps dans le passage progressif à des habitudes de vie *less*. Vivre délibérément en possédant moins, en consommant moins, en désirant moins, cela signifie moins de stress, plus de satisfaction personnelle, une plus grande paix intérieure. Si, en plus de cela, vous avez quelques bonnes causes auxquelles vous consacrer dans la vie, vous aurez trouvé la formule de santé par excellence, celle qui, vraisemblablement, préservera votre jeunesse et votre bonne humeur bien plus efficacement que tous les petits remèdes qu'on vous vante.

Votre nouveau styliste : monsieur Pareto

Imaginez que votre armoire puisse parler. Que vous dirait-elle ? Peut-être crierait-elle « Au secours ! » d'une voix mourante, à cause de la montagne de fringues qu'elle doit contenir ? Ou alors un « Oh non ! Encore ? » désespéré, en entendant dans le couloir le bruissement de sacs qui lui dit que vous rentrez d'une nouvelle razzia dans les boutiques de vêtements. Si vous avez déjà réussi à ramener votre stock de vêtements à une sélection à la fois facile à superviser et stratégiquement bien combinée, félicitations ! Sinon, ce serait peut-être une bonne idée d'aborder maintenant la question vêtements dans un esprit « moins c'est mieux ».

Votre armoire « à la Pareto »

Si vous voulez vous habiller *less*, il faut d'abord que le contenu de votre armoire soit facile à contrôler ; autrement dit, qu'elle ne contienne que des vêtements que vous mettez réellement. Pour cela, il existe une stratégie fort simple : organisez votre armoire selon le principe de Pareto ! Ce principe, formulé au XIXe siècle par l'économiste italien Vilfredo Pareto, mérite d'ailleurs d'être étudié de plus près si, plus généralement, vous voulez pratiquer le « moins c'est mieux » dans la vie. Il dit que la plus grande partie d'un résultat est obtenue par une proportion relativement faible des hommes, des moyens et du travail mis en œuvre pour l'obtenir. Exprimé en chiffres, cela donne : 80 % du résultat est obtenu par 20 % des moyens mis en œuvre.

Ce qui nous ramène à votre armoire. Car, quand bien même vous posséderiez une énorme quantité de pantalons, de chemises, de costumes et de chaussures, un être humain ne porte généralement, 80 % du temps, qu'une petite partie – 20 % – de tous les vêtements qu'il possède. Les autres restent donc la plupart du temps dans l'armoire. Beaucoup y traînent jusqu'à ce qu'ils soient passés de mode, ou qu'ils ne vous aillent plus, ou jusqu'à ce que vous ayez besoin de faire de la place pour ranger vos nouvelles acquisitions.

D'où vient ce phénomène des 80 %-20 % avec les vêtements qu'on possède ? Sans doute du fait que l'être humain est un animal d'habitudes. Il préfère s'en tenir aux trois ou quatre tenues qu'il aime bien, plutôt que d'imaginer chaque matin une combinaison entièrement nouvelle. De plus, l'effort nécessaire pour trouver des choses qui vont bien ensemble agit comme un frein : il ne croît pas en proportion directe du nombre de vêtements entre lesquels vous devrez choisir. Si vous mettez dans votre armoire quarante tee-shirts et chemisiers au lieu de vingt, cela fera bien le double. Mais la peine que vous prendrez pour choisir un haut assorti à votre tenue du jour sera comparativement bien plus grande. Car il vous faudra non seulement passer en revue deux fois plus de vêtements qu'auparavant, mais aussi envisager toutes les combinaisons supplémentaires possibles, les confronter à votre état d'esprit du moment, aux codes d'habillement en vigueur – après quoi vous ne pourrez même pas être assuré(e) d'avoir choisi parmi toutes ces possibilités la combinaison de vêtements idéale pour cette journée.

Comment trier ?

Si vous n'êtes pas irrémédiablement un maniaque de la mode, économisez vos efforts. Ayez aussi peu de vêtements que possible. Ne serait-ce que parce que vous avez affaire à votre armoire chaque matin, et que c'est censé vous mettre de bonne humeur. Si le principe de Pareto vous a convaincu, passez en revue toutes vos affaires, et triez-les sans pitié. Ne gardez que celles que vous êtes sûr de porter souvent et surtout avec plaisir : celles qui sont vraiment à votre taille, où vous vous sentez bien, qui vous vont bien et mettent votre physique en valeur. Débarrassez-vous de tout le reste : mettez aux enchères sur Internet les pièces qui ont le plus de valeur, et portez les autres à un magasin de revente d'occasion ou à une organisation sérieuse qui collecte les vieux vêtements.

Si vous avez du mal à vous séparer de certains vêtements parce que vous croyez les porter encore de temps à autre : collez dessus une petite étiquette avec la date du jour. Vous ne la décollerez que le jour où vous porterez le vêtement. Vous serez surpris de découvrir ainsi le nombre de cadavres qui occupent vos placards ! Appliquez la même méthode à vos chaussures. Continuez jusqu'à ce que vos placards à vêtements et à chaussures ne contiennent plus qu'un choix maîtrisable de belles choses de bonne qualité, que vous porterez vraiment et avec plaisir.

Vous aurez atteint la situation idéale quand, d'une part, vous posséderez assez peu d'objets pour garder facilement toutes vos armoires propres et en ordre – sans rien écraser, sans faire de piles inaccessibles à l'arrière des étagères –, et que, d'autre part, vous aurez toujours suffisamment de choix pour vous habiller de façon variée aussi bien au travail que pour vos loisirs. Ensuite, vous n'aurez presque plus rien à faire pour conserver à votre stock de vêtements et de chaussures une agréable légèreté. Simplement, à l'avenir, liez toute nouvelle acquisition à une action immédiate en vue de vous défaire d'autre chose. Si vous achetez deux chemises ou deux chemisiers, en contrepartie, donnez ou vendez-en deux autres qui ne sont plus en très bon état ou simplement que vous avez assez vus. De cette façon, vous profiterez mieux que jamais de ce que vous avez. Peut-être pourrez-vous même vous contenter à l'avenir d'une armoire plus petite : ce sera une bonne occasion de chasser enfin de votre chambre le monstre qui l'occupait.

Ayez le courage du « sans marque »

En tant qu'adepte du « moins c'est mieux », vous pouvez adopter une attitude plus décontractée envers les vêtements de marque et de styliste. Qu'est-ce qui vous oblige à payer plus cher, en réalité ? Une qualité meilleure, peut-être, mais c'est plutôt rare. Même les marques chères sont souvent fabriquées à faible coût en Extrême-Orient ou ailleurs. Avez-vous déjà fait évaluer par un bon tailleur ou par un spécialiste du textile l'une de ces pièces acquises à grands frais chez un styliste ? Dans ce cas, vous savez ce qui se dit sur ce sujet.

Avec un peu de flair pour les matériaux et les finitions, vous trouverez parmi les vêtements anonymes des pièces de qualité au moins égale, et tout aussi belles à voir ! Vous éviterez ainsi les déconvenues, comme lorsqu'un vêtement coûteux rétrécit au premier lavage ou est bon à jeter après avoir été porté deux ou trois fois seulement. Au moins, vous n'aurez pas payé une somme disproportionnée.

S'orienter vers le sans-marque ne signifie naturellement pas que vous devez vous habiller de pied en cap avec des fringues à bon marché. Pas du tout. Simplement, si vos moyens vous le permettent, investissez un certain montant dans une bonne garde-robe. Mais économisez les sommes qu'on vous demande pour coudre sur un vêtement une étiquette prestigieuse de quelques centimètres carrés, le plus souvent invisible. Un bon pull en cachemire – il y en a aussi dans le sans-marque – ne sera pas plus solide avec une étiquette de grande marque, mais la plupart du temps seulement plus cher.

De toute façon, il n'y a pas de secret : le style et le bon goût ne s'achètent pas. Même si vous écumez les boutiques de styliste armé de cartes de crédit, cela ne signifie pas que vous en ressortirez élégamment vêtu. Au contraire, on peut parfois avoir seulement l'air ridicule et faire « nouveau riche ». Comme cela arrive souvent aux touristes qui sortent des boutiques des Champs-Élysées, de la Maximilianstraße à Munich ou du Rodeo Drive à Hollywood.

La mode n'est pas toujours votre amie

En tant qu'adepte du « moins c'est mieux », vous pouvez aussi prendre un peu plus de liberté avec les tendances de la mode. Et même décider plus souvent de ne pas suivre du tout la tendance. De ne pas acheter un vêtement ou une paire de chaussures simplement parce qu'ils doivent avoir telle couleur ou telle forme cette saison. Rappelez-vous la vague des écharpes Burberry. Les femmes, surtout, sont condamnées au shopping au moins deux fois par an si elles veulent vraiment être toujours à la mode. Pas étonnant dans ces conditions que le budget fringues prenne de telles proportions. Alors, passez de temps en temps votre tour quand la nouvelle tendance ne vous plaît pas à cent pour cent. Profitez du plaisir de ne pas avoir à courir les magasins pour des choses que vous ne pourrez plus mettre dans quelques mois, même si elles sont encore en parfait état, tout simplement parce qu'elles seront passées de mode. Aujourd'hui, oseriez-vous encore sortir avec des chaussures à semelles compensées ?

> *« La mode est le plus grand remède*
> *qu'ait trouvé l'industrie textile à la solidité*
> *croissante des tissus. »*
>
> Federico Emilio Schuberth

En attendant le retour d'une mode plus conforme à vos goûts, faites la soudure en portant des choses plus classiques et passe-partout. Vous recommencerez à suivre la tendance la saison prochaine, si vous y tenez. D'ailleurs, dans les hautes sphères de la société, où l'on cultive souvent un sens du style élaboré au fil des générations, on se soucie nettement moins de suivre la mode actuelle et on reste plutôt dans un genre classique et sobre. En tant qu'adepte du « moins c'est mieux », vous pouvez fort bien vous inspirer de la décontraction des gens qui ont conscience de leur valeur et n'éprouvent pas le besoin d'afficher leur statut social. Ils craignent aussi beaucoup moins d'être trop bien vêtus ou au contraire pas assez. Un lord anglais est capable de porter un vieux manteau râpé avec la plus grande dignité.

Les vêtements des stars : un chapitre à part

À force de voir les stars poser pour les magazines people ou défiler aux remises des Césars et des Oscars avec toutes sortes d'accessoires très chics, nous sommes souvent tentés d'imiter les grands de ce monde avec beaucoup moins de profit, et en nous lançant au contraire dans des dépenses inconsidérées. On ne peut plus voir un reportage photo sur une soirée de gala ou sur une première de film sans qu'on nous renseigne très précisément sur qui habille qui. Cependant, quand on sait que les célébrités ne dépensent en général pas un euro pour leurs tenues, et que ce sont au contraire les couturiers et les stylistes qui se battent pour habiller gracieusement ces messieurs-dames, cela aide sans doute à se calmer un peu. Peu nous importe alors que les médias diffusent des informations sur ce que portent David Beckham et Halle Berry. D'ailleurs, les photos prises par les paparazzi qui surprennent les célébrités en privé entre deux promotions nous apprennent qu'elles s'habillent souvent de façon aussi peu spectaculaire que nous lorsqu'elles ne sont pas sous les feux de la rampe.

Achetez des vêtements faciles à réparer

S'habiller *less* signifie aussi porter des vêtements qui, autant que possible, ne seront pas fichus au bout de deux ou trois lavages. Vous éviterez ainsi des séances de shopping inutiles. Les vestes et les chaussures en cuir, par exemple, ne commencent à avoir le bon look qu'après avoir été portées un certain temps.

S'il n'est pas toujours simple de reconnaître la qualité avec les textiles, qui demandent un œil exercé, c'est un peu plus facile pour les chaussures. En tout cas pour les chaussures d'homme, car celles des femmes ont généralement une durée de vie plus courte, ne serait-ce que pour des questions de mode. Achetez des chaussures qui peuvent se réparer. Il est beaucoup plus simple de porter une fois par an ses chaussures chez le cordonnier plutôt que d'être régulièrement obligé de les jeter pour en acheter de nouvelles. De plus, et ce n'est pas le moins important, c'est une façon de contribuer à la préservation de l'environnement, car les chaussures à bon marché, surtout, sont fabriquées avec toutes sortes de matériaux synthétiques qui, pour une part, s'useront très vite, et pour le reste partiront en fumée dans les incinérateurs.

Bien sûr, cela suppose de mettre un peu plus la main à la poche pour l'investissement de départ. Car, dans les prix inférieurs ou moyens, la plupart des chaussures, y compris les modèles à la mode, sont faites pour être purement et simplement jetées. Seules les chaussures fabriquées selon les règles de la cordonnerie traditionnelle peuvent être réparées sans problème. En particulier les chaussures en cuir dont la semelle est réellement cousue à la tige. Si vous les entretenez bien et les portez régulièrement chez le cordonnier pour rafraîchir les semelles, vous les garderez facilement dix ans et plus. Vous amortirez ainsi l'investissement de départ, car, avec des chaussures dans les gammes de prix inférieures, vous en useriez probablement au moins quatre paires dans le même temps. En outre, bien entretenues, de belles chaussures de qualité vous permettent de soigner votre apparence : même avec deux ou trois mille kilomètres au compteur, elles mettront en valeur les tenues les plus simples, tandis que des chaussures bon marché peuvent neutraliser le plus beau costume. Si cela ne vous suffit pas pour vous sentir « dans le coup », vous pouvez toujours compléter vos classiques de base par deux ou trois paires de chaussures à la mode.

7

Plus heureux au travail, moins stressé par l'argent

> *« Un homme qui a le succès*
> *a tout, sauf le temps. »*
> Proverbe chinois

Travail et argent, ces deux thèmes occupent probablement une grande place dans votre vie. Que vous soyez un cadre dirigeant pourvu d'un gros compte en banque ou que vous cherchiez un emploi et soyez obligé de compter chaque centime, l'idée de « moins c'est mieux » peut faire beaucoup pour votre bien-être dans ces domaines aussi.

Votre carrière :
roue de hamster ou voie royale ?

Il semble aller de soi que nous acceptions que notre vie professionnelle soit gouvernée par les idéaux couramment en vigueur : travailler dur et beaucoup, chercher la sécurité de l'emploi, s'efforcer de gagner toujours plus, faire carrière… Pour certains, c'est sans doute la bonne solution. Mais bien d'autres aimeraient finalement mieux pouvoir vivre un peu plus paisiblement. Ou pouvoir se réaliser dans une profession un peu à l'écart des autoroutes du succès et des gros salaires. Oui, mais voilà : comme personne n'ose sauter le pas parmi nos amis, nous ne sommes plus très sûrs de ce que nous voulons. Ou bien nous ne nous posons même pas la question de savoir si nous avons vraiment choisi la voie professionnelle qui nous convient.

C'est parfois un style de vie trop difficile à maintenir qui nous fait perdre le goût de travailler. Une grosse voiture, un appartement luxueux, des week-ends de shopping à l'étranger, non seulement cela coûte énormément d'argent, mais on peut facilement en devenir esclave. Du moins à partir du moment où nous devons gagner le plus possible essentiellement pour préserver les symboles de notre statut social, et nous éreinter dans un boulot certes bien payé, mais qui ne correspond pas à nos vrais désirs.

Ça va trop vite dans votre carrière ?
Redescendez d'un cran

Imaginons pour le moment que vous soyez submergé de boulot. Dans ce cas, appliquer le principe « moins c'est mieux » signifie-t-il que vous allez dorénavant rester les pieds posés sur votre bureau, ou mettre votre vie professionnelle en veilleuse ? Sûrement pas. Cela dépend aussi de la façon dont vous avez progressé jusqu'ici. Peut-être grimpez-vous les marches du succès depuis des années, et toujours pleins gaz ? D'accord, tout le monde est dans le même cas autour de vous. Mais vous ne vous êtes encore jamais demandé si c'était une raison suffisante pour vous. Qu'en pensez-vous personnellement ? Le moment n'est-il pas venu de passer un tour ? Peut-être même apprécieriez-vous, pour une fois, de vous sentir chez vous dans une entreprise ? Pendant quelque temps, vous pourriez vous consacrer entièrement à votre travail, sans commencer tout de suite à vous demander quel sera votre prochain job. C'est précisément de cette façon que beaucoup de gens se ressourcent mentalement et prennent leur élan afin de pouvoir ensuite accomplir avec bien moins d'efforts un vrai changement dans leur carrière professionnelle.

Jusqu'à nouvel ordre, vous travaillez pour vivre, et non l'inverse

Une autre possibilité que vous pourriez envisager, ce serait de choisir délibérément de travailler moins. Il y a certes des drogués du travail. Mais beaucoup finissent par payer l'addition un jour. La première cure de sommeil à 37 ans, le premier infarctus à 57… Peut-être passez-vous vous aussi chaque jour plus d'heures derrière votre bureau qu'il n'est bon pour votre santé, à la longue.

Si vous constatez que vous vous laissez lentement dévorer, pourquoi ne pas essayer, pour une période de transition, de travailler à temps partiel ? Beaucoup d'employeurs vous laissent aujourd'hui la possibilité de travailler quatre jours par semaine au lieu de cinq. Si vous êtes travailleur indépendant, vous pouvez décider vous-même encore plus librement combien de temps vous voulez consacrer à votre métier. Réduire votre temps de travail ne signifie d'ailleurs pas nécessairement que vous ne pourrez pas garder le même niveau de vie. En menant une vie *less*, vous amortirez facilement une bonne partie de votre baisse de revenus : en tant qu'adepte du « moins c'est mieux », vous aurez moins de besoins matériels et, même avec un plus petit budget, vous pourrez boucler les fins de mois sans ressentir aucun manque.

Vous visez un nouveau poste : comment vous y sentirez-vous ?

Plus d'un travaille pendant des années à atteindre une position de chef, pour s'apercevoir, une fois qu'il y est parvenu, que c'est loin d'être aussi confortable qu'il l'avait imaginé. Bien sûr, il n'a plus de chef sur le dos, mais, à la place, des actionnaires encore moins sympathiques. Et qui veulent voir de gros rendements. Vous devez maintenant passer vingt heures de plus par semaine au bureau. Du jour au lendemain, vos anciens collègues, avec qui vous aviez toujours eu des relations amicales, prennent leurs distances, parce que vous êtes maintenant leur supérieur hiérarchique. Un jour ou l'autre, vous devez vous rendre à l'évidence : ce n'est plus tout à fait votre vie.

Une telle perspective mérite peut-être que vous y réfléchissiez à deux fois, afin que vos objectifs de carrière reposent sur des bases un peu plus solides. Naturellement, cette réflexion peut aussi vous conforter dans l'idée que vous êtes sur la bonne voie. Simplement, prenez de temps à autre un moment pour réexaminer de près vos objectifs à long terme, afin de vous assurer qu'ils correspondent toujours réellement à votre nature et à votre conception de l'existence.

La course aux gros revenus :
le revers de la médaille

Si votre revenu est déjà suffisant pour la vie que vous menez et s'il augmente au moins au rythme de l'inflation, vous pouvez plus facilement que d'autres vous dispenser de loucher vers les gros salaires. Peut-être même avez-vous déjà fait l'expérience d'un travail très bien payé, mais qui vous enchaîne à un bureau. La charge émotionnelle aussi peut devenir très lourde. Finalement, ceux qui ont de très gros revenus doivent les mériter. Beaucoup sont soumis à une énorme pression : « Il nous faut 20 % de plus. À vous de trouver comment. » Et, pendant le peu de temps de loisir qui reste, on redépense aussitôt en voitures de sport, en voyages de luxe, en vêtements de marque ou dans les grands restaurants une bonne partie de l'argent durement gagné. Il faut bien compenser un peu tout ce stress.

C'est la même chose lorsqu'on est à son compte : cela n'a pas toujours de sens de faire grossir une entreprise pour gagner davantage. Le stress, la complexité du travail, les difficultés avec les associés ou les problèmes pour trouver des capitaux peuvent augmenter plus vite que la taille de l'entreprise ou de votre revenu. Toute entreprise qui a d'abord été petite et contrôlable a sa masse critique à partir de laquelle le patron est dépassé par tout nouvel accroissement du nombre des collaborateurs, des domaines d'activité, des projets ou des clients. Il s'en apercevra au plus tard le jour où une crise dans sa branche lui montrera que tout ne marche pas comme sur des roulettes.

Si vous constatez que votre métier vous rapporte beaucoup d'argent – sans que vous ayez réellement besoin d'autant –, mais qu'il vous dévore peu à peu à cause d'une trop grosse charge de travail, peut-être ne serait-il pas mauvais pour vous de redescendre d'un cran sur l'échelle de la profession et des revenus. Inversement, si votre métier ne vous rapporte pas énormément d'argent, mais correspond pleinement à vos capacités et à votre conception de l'existence, vous pouvez apprendre à l'apprécier davantage. Même si vous n'êtes pas aussi royalement payé que le voisin – qui, lui, commence son week-end le dimanche après-midi.

Vous êtes sans travail ?
L'occasion rêvée pour faire un tas de choses !

Mais peut-être commenciez-vous à bouillir intérieurement en lisant les pages précédentes ? Vous aimeriez mieux trouver un boulot un peu stressant que de ne pas en avoir, comme c'est le cas actuellement ? Le chômage peut certes être très frustrant. Surtout dans une société comme la nôtre, où on se définit beaucoup par son travail et par son niveau de vie. C'est donc sans doute une maigre consolation pour vous que de savoir que bien des gens qui bossent dix heures par jour dans un grand bureau climatisé vous envient le temps libre dont vous disposez, au moins au début. Ils ne peuvent même plus imaginer quel plaisir vous pourriez trouver à regarder de temps en temps par la fenêtre de votre bureau, par un après-midi ensoleillé, avec devant vous une montagne de travail.

Essayez malgré tout de penser un petit peu à ça. D'un côté, continuez bien sûr à chercher du boulot. Mais d'un autre côté, si ça ne fait pas trop longtemps que vous cherchez, profitez de l'occasion qui s'offre à vous de faire quelques-unes des choses dont vous rêviez constamment quand vous aviez un travail. Maintenant, vous pouvez vraiment aller boire un café l'après-midi à une terrasse en plein milieu de la semaine, lire tous les grands classiques dont vous rêviez depuis des années, ou traverser les Alpes à pied. Ou encore vous replonger dans votre vieux cours d'italien, ou monter votre site Internet. C'est pendant ma dernière crise professionnelle que j'ai commencé à écrire ce livre. Normalement, je n'aurais jamais dû pouvoir le faire.

C'est aussi le meilleur moment pour faire un grand débarras chez vous et en tirer quelque chose. Vous avez enfin le temps de vendre sur Internet ou ailleurs tout ce qui ne vous sert plus. Quelle que soit l'idée longtemps caressée qui vous vienne à l'esprit, profitez de ce temps offert pour la mettre en pratique. Non seulement cela vous maintiendra de bonne humeur, mais vous rayonnerez davantage dans les entretiens d'embauche. De plus, cela peut vous éviter d'avoir à soupirer : « Ah, si seulement je pouvais faire ceci ou cela… », quand, dans quelque temps, vous aurez retrouvé du travail. Ce que je vous souhaite de tout mon cœur.

L'argent gouverne le monde… oui, mais pas votre vie !

Non, bien sûr, en matière d'argent, « moins c'est mieux » ne veut pas dire avoir le moins d'argent possible ! Au contraire : un petit matelas financier rend absolument la vie plus confortable et plus facile. Vous pouvez satisfaire tel désir qui vous tient vraiment à cœur, permettre à votre progéniture de faire des études, ou encore en dépenser une partie pour une bonne cause. De plus, il est rassurant de savoir qu'en cas de grosse dépense imprévue, on ne sera pas obligé de vider son compte en banque d'un seul coup.

Pourtant, l'argent peut très vite en venir à nous accaparer complètement – et c'est là qu'intervient l'idée de « moins c'est mieux ». Peut-être cumulez-vous vous aussi, comme c'est couramment le cas, deux à trois comptes bancaires, plusieurs cartes de crédit, un ou deux comptes de dépôt ou d'épargne en actions, et plusieurs assurances-vie ? Même si vous êtes un client moyen, vous devez déjà retenir plusieurs codes PIN et mots de passe, vérifier vos calculs, trier et classer les relevés, répondre à des courriers et suivre régulièrement l'évolution des cours. De plus, je suis certain que vous recevez constamment des courriers, des messages et des appels téléphoniques où l'on cherche à vous convaincre de souscrire un crédit très « pratique » ou une nouvelle assurance plus complète.

Le jour où, pour comble, quelque chose se dérègle dans la machine – on vous vole votre portefeuille avec toutes vos cartes, vous perdez la feuille portant la liste de vos mots de passe, ou encore vous avez un problème de gestion de copropriété –, le fait que vos moyens financiers soient un peu trop dispersés peut devenir sérieusement agaçant. Même si cet échafaudage était censé en réalité contribuer à votre bien-être.

Allégez votre portefeuille

Abordez la question de l'argent avec l'idée que « moins, c'est mieux ». Vous pouvez commencer par votre portefeuille : rendez toutes les cartes que vous n'utilisez pas régulièrement ou qui ne vous apportent que des avantages minimes – cartes de crédit, cartes de membre d'associations, comptes courants qui font double emploi, et surtout les innombrables cartes de client des grands magasins et des chaînes de supermarchés. Les cartes « à risque » comme les cartes bancaires et cartes de crédit sont de plus une charge pour votre mémoire, puisque vous devez vous rappeler un code pour chacune d'entre elles.

Vous vous en apercevez donc au plus tard le jour où on vous pique votre portefeuille ou votre sac à main, et où vous devez passer la soirée à appeler de toute urgence plusieurs hot lines pour faire bloquer vos cartes. Une suggestion : achetez un portefeuille avec peu de poches pour les cartes. De cette façon, vous vous sentirez déjà un peu obligé d'en limiter le nombre.

Ne gardez pas de petite monnaie sur vous : elle prend de la place et pèse lourd. À la place, installez chez vous une petite boîte où vous mettrez chaque jour la petite monnaie qui vous reste. Une fois par an, portez votre petite caisse à la banque pour faire changer la monnaie : vous serez étonné de voir la quantité d'argent qu'on peut accumuler de cette façon en douze mois ! Réjouissez-vous de ce petit cadeau, et appréciez d'avoir un porte-monnaie aussi plat qu'à l'époque de votre adolescence[18].

Moins de cartes et moins de comptes

Devoir surveiller deux comptes courants complique déjà inutilement les paiements quotidiens. En auriez-vous par hasard davantage que cela ? Faites des

---

18. Vous pouvez aussi garder votre petite monnaie de la semaine pour la dépenser au marché, si vous y allez régulièrement. (N.d.T.)

coupes claires ! Limitez-vous au nombre strictement nécessaire de cartes et de comptes. Demandez-vous si vous avez vraiment besoin de tous les services bancaires qu'on vous propose – avec les mots de passe et codes PIN/TAN associés. Ou si vous ne pouvez pas vous contenter de gérer les opérations de votre compte par Internet, donc sans avoir besoin de vous soucier en plus des codes nécessaires pour la banque par téléphone. D'ailleurs, dans la plupart des cas, on peut retirer de l'argent aux guichets automatiques avec une carte de crédit sans passer par un code PIN[19].

Les assurances : point trop n'en faut

Être assureur est un bon métier dans des pays à la mentalité très « sécuritaire » comme les nôtres. Il n'est bien sûr pas question de vous suggérer de résilier immédiatement toutes vos garanties. Simplement, passez-les en revue « à froid ». Ne gardez que les assurances qui vous servent vraiment à quelque chose, et résiliez les polices dont vous n'avez plus besoin, ou qui sont devenues beaucoup trop chères eu égard à la protection qu'elles vous offrent. Pour assurer les risques importants, comme l'incapacité au travail, il vaut souvent mieux prendre une assurance spéciale

---

19. Le système bancaire allemand est encore actuellement un peu différent du système français, par exemple, mais les pratiques bancaires tendent à s'uniformiser en Europe, avec le développement de nouveaux systèmes de paiement par Internet, par téléphone mobile ou par carte bancaire nécessitant un mot de passe déposé à la banque, ou un code PIN/TAN attribué par la banque. À nous de savoir si nous avons besoin de tous ces perfectionnements techniques… qui donneront aussi beaucoup d'informations sur nous ! (N.d.T.)

qu'un produit qui combine des garanties multiples. De cette façon, vous gardez plus facilement le contrôle, et vous voyez mieux ce que vous coûte réellement chaque garantie prise séparément.

Pour que votre argent travaille vraiment pour vous

Vous avez réussi à mettre un peu d'argent de côté ? Vous épargnez de façon régulière ? Dans le choix de votre formule de placement aussi, vous pouvez manœuvrer en sorte que votre petit matelas soit facile à gérer et ne vous complique pas inutilement l'existence. Évitez les placements qui vous lient pour une longue durée et sur lesquels vous ne pourriez pas faire de retraits sans coûts extravagants, voire à perte. Ne vous lancez pas non plus dans des placements qui ne vous permettent pas de savoir clairement ce que devient votre argent ni à combien s'élèvent réellement les coûts. Soyez prudent avec les formules qui spéculent fortement sur l'avenir, par exemple sur les évaluations à long terme de revenus locatifs. À moins d'avoir tellement d'argent de côté que vous pouvez vous permettre aussi des investissements risqués. Quant aux formules qui servent uniquement à payer moins d'impôts, elles peuvent avoir des effets pervers par la suite, par exemple si vous perdez votre travail de façon imprévue et que vous ne gagnez subitement plus du tout assez pour avoir besoin de réduire vos impôts, auquel cas votre placement devient plutôt une charge. Soyez encore plus prudent lorsqu'on essaie de vous allécher par des taux extraordinaires ou de vous prendre par les sentiments : « Une femme qui réussit aussi bien que vous doit avoir ça… »

Beaucoup de gens traitent encore les questions d'argent avec la plus grande insouciance, et on passe souvent plus de temps à programmer ses vacances d'été qu'à gérer ses placements. Il est vrai qu'un placement douteux ne mènera pas toujours à des complications. Mais, le jour où la bonne affaire supposée ou le placement « branché » se révèle tout à coup être un mangeur de capitaux – comme certaines actions à la mode ces dernières années dans les nouvelles technologies –, cela peut avoir des conséquences très désagréables sur votre existence.

Si vous avez déjà réparti vos œufs dans un grand nombre de paniers, regardez si cela ne vaudrait pas la peine de mettre un peu d'ordre dans tout cela en réduisant le nombre de vos investissements tout en gardant un certain équilibre entre eux. Il vous sera plus facile ensuite d'en avoir une vue d'ensemble à tout moment, par exemple pour vous informer des cours actuels ou pour calculer les rendements effectifs. Vous pouvez peut-être regrouper l'ensemble de vos fonds à placer dans une société d'investissement. Éliminez aussi tous les petits engagements qui ne rapportent plus grand-chose, mais pour lesquels la simple gestion du courrier vous coûte plus de travail que ce que l'investissement pourra jamais vous rapporter selon toute probabilité – surtout lorsqu'il s'agit de placements spéculatifs comme des participations dans une entreprise, des actions ou des fonds d'investissement spécialisés.

Votre argent est placé dans un bien immobilier locatif ? Là aussi, on se met souvent une lourde charge sur le dos. Si vous avez tout le temps des ennuis avec les locataires, s'il faut souvent faire des réparations coûteuses, si le bien est suffisamment éloigné pour que vous perdiez une journée chaque fois qu'il y a quelque chose à faire sur place, pourquoi ne pas envisager de vendre ? Pour prendre une décision, faites la comparaison entre ce que ce bien vous coûte en travail de gestion, en argent et en fatigue nerveuse, et ce qu'il vous rapporte.

Enfin, vos héritiers vous seront reconnaissants de leur laisser une situation financière à peu près en ordre et compréhensible. Bien des communautés d'héritiers, même lorsqu'il s'agissait de frères et sœurs très proches les uns des autres, se sont entre-déchirées faute de parvenir à réaliser et à partager rationnellement des biens investis dans un enchevêtrement quasi inextricable de placements.

Prenez en main votre sécurité financière

Comme il a été dit, aspirer sans excès à un certain bien-être matériel n'est pas contradictoire avec la « pensée *less* ». Bien au contraire : en matière d'argent, du moment que vous n'êtes pas obligé de compter chaque centime, mais que vous pouvez régulièrement en mettre un peu de côté, il serait irresponsable de ne pas vous soucier assez tôt d'épargner pour disposer, au plus tard vers soixante ou soixante-dix ans, d'un petit patrimoine qui complétera votre retraite jusqu'à la fin de vos jours (et qui vous permettra éventuellement d'être mieux soigné ou logé). Le mieux est donc de s'y prendre le plus tôt possible. Ainsi, même avec de petits versements mensuels, vous pourrez sans trop d'efforts vous constituer une bonne réserve.

Cette question est particulièrement importante pour les gens de la « génération sandwich », ceux qui ont aujourd'hui entre trente et cinquante ans. On les appelle ainsi parce que, étant donné l'évolution démographique dans les pays industrialisés, ils se retrouveront dans quelques années comme coincés entre deux tranches de pain : le jour où leur budget familial devra répondre à la fois aux besoins de l'éducation de leurs enfants et à ceux de leurs parents ou proches devenus dépendants, parce que l'État consacre de moins en moins d'argent à ces domaines. L'argent mis de côté ne vous préservera certes pas de ces hasards de la vie, mais il n'en est que plus nécessaire à votre tranquillité. Et, même dans ces situations, il vous permettra de continuer à décider librement dans quels domaines vous voulez ou non vivre *less*.

Attentions aux intérêts composés

Si vous êtes un peu juste financièrement ou si vous prenez souvent des crédits pour satisfaire vos désirs consommateurs : là aussi, bien sûr, moins de dettes, c'est mieux. Plus facile à dire qu'à faire, je sais bien, mais c'est un sujet qui, visiblement, concerne de plus en plus de gens, puisque le surendettement des ménages est en hausse. Il est certain que les banques et les commerçants nous facilitent un peu trop la tâche. On peut sans problème obtenir très vite un crédit de plus de 5 000 euros, et payer le voyage à l'île Maurice en trente-six mensualités. Peut-être aussi avez-vous pris l'habitude d'utiliser systématiquement votre découvert bancaire jusqu'à la limite autorisée. Ça aussi, c'est de l'endettement.

Il est évident que personne ne peut vous enlever vos dettes. Mais voici une idée qui peut vous aider : essayer de comprendre le mécanisme des intérêts composés. Car beaucoup de gens ne se rendent pas compte qu'une dette s'accroît même lorsqu'on « n'y touche pas ». C'est un problème auquel sont confrontés les gens qui, sans avoir fait de nouvelles dettes depuis longtemps, ne peuvent plus raisonnablement faire face à leurs anciens engagements. Par exemple lorsqu'ils deviennent chômeurs, ou lorsqu'ils ont besoin de leur argent pour autre chose. C'est là que l'« effet intérêts composés » frappe – d'autant plus violemment que vous avez négocié un taux d'intérêt élevé. Déjà avec un taux à 12 %, couramment pratiqué par les banques pour les crédits à la consommation et les découverts de compte, une dette de 10 000 euros passera en cinq ans seulement à 17 600 euros, si vous n'avez pas pu faire de remboursements entre-temps. Au bout de cinq nouvelles années, si vous n'avez toujours pas commencé à rembourser, vous en serez à 31 000 euros. Bien sûr, quand vous avez pris ce crédit, personne n'a fait un tel calcul devant vous. Faites-le donc vous-même. Une seule fois dans votre vie, entraînez-vous à ce petit jeu sur une calculette, et vous serez édifié. À l'avenir, vous ne vous laisserez plus inutilement étrangler par un crédit. Ce sera peut-être un peu moins dramatique, mais tout de même bien désagréable, si, pour une raison quelconque, vous ne pouvez subitement plus payer que de petites mensualités qui ne couvrent même pas les intérêts. Là aussi, à la fin de l'année, votre dette aura augmenté au lieu de diminuer.

Parfois, ce ne sera donc pas une mauvaise idée que de laisser refroidir un peu certains désirs consommateurs. Attendez d'avoir réuni la somme nécessaire plutôt que de vous offrir la chose immédiatement grâce à l'argent emprunté. L'exception, ce sont les objets qui ne perdent pas de valeur, ou même dont la valeur peut monter – par exemple un bel appartement bien situé. Dans ce cas, vous disposerez au besoin d'une certaine contre-valeur si jamais les choses se gâtent pour vous. À l'inverse, avec une voiture, la différence entre ce qu'elle vaut et la dette que vous aurez contractée pour l'acheter augmentera de jour en jour à partir du moment où vous aurez des difficultés à rembourser. Et si vous faites un voyage à crédit, c'est encore pire : tout ce que paiera l'argent emprunté, vous l'aurez mangé avant de commencer à rembourser.

Pour tout ce que vous achetez à crédit, calculez donc toujours quelle sera la somme maximale que vous aurez à payer. Si évident que cela puisse vous paraître, tout le monde ne le fait pas. Débourser 89 euros par mois pour un nouvel ensemble de salon a l'air relativement anodin. Mais si vous lisez sur votre calculette qu'au bout de quatre ans, votre canapé aura atteint la somme imposante de 4 272 euros, qu'il vous faudra bien sûr gagner, cela vous donnera peut-être à réfléchir.

8

Plus près de ceux que vous aimez

> *« Tous deux se font du mal :*
> *celui qui promet trop*
> *et celui qui attend trop. »*
> Gotthold Ephraim Lessing

Penser « moins c'est mieux » peut aussi faciliter vos relations avec les gens. Vous cherchez un moyen de renouer avec une amie ou avec votre ancien meilleur copain ? Vous ne comprenez pas pourquoi c'est si difficile de trouver le ou la partenaire idéal(e) ? Ou bien vous avez déjà un compagnon, mais vous vous disputez sans cesse pour des vétilles ? Dans ce domaine comme dans les autres, la philosophie *less* peut apporter beaucoup. Même le fétichisme que vos enfants manifestent à l'égard des marques ne doit pas vous désespérer.

À l'amitié !

Peut-être vous arrive-t-il à vous aussi de vous poser des questions quand certains font étalage devant vous du grand nombre de leurs amis, et ne cessent de vous raconter qu'ils connaissent Untel et Untel, et tout ce que les uns et les autres font pour eux. Le nouvel idéal du réseau d'amis, censé remplacer la famille élargie d'autrefois, est parfois très déstabilisant. De plus, vous avez constaté depuis longtemps que les relations amicales ne correspondaient pas toujours à l'image parfaite qu'en donnent souvent les séries télévisées et les articles des magazines.

Amis ou simples connaissances ?
Faites la différence

Certaines de vos amitiés peuvent avoir évolué au fil du temps vers des relations purement de circonstance. Par exemple, avec vos collègues de travail, il se peut que la seule chose qui vous lie encore soit votre objectif commun de faire carrière dans l'entreprise. D'autres amitiés peuvent ne plus avoir grand sens pour vous, si vous les considérez honnêtement. Parfois, vous ne vous sentez pas à l'aise parce que chacun passe son temps à reprocher à l'autre son mode de vie. Là aussi, appliquez le principe « moins c'est mieux », et limitez un peu les relations de ce genre.

N'hésitez pas à prendre provisoirement vos distances avec ceux que vous trouvez « fatigants ». Par exemple les amis qui, bien que vous soyez sur la même longueur d'onde pour l'essentiel, se comparent sans cesse à vous : « Et vous, qu'est-ce que vous vous faites comme cadeaux à Noël ? » Après une période *less* qui vous aura permis de vous détendre suffisamment pour ne plus être tenté de surenchérir, vous pourrez toujours renouer les contacts. Peut-être apprendrez-vous alors à apprécier d'autres aspects de vos amis, parce que vous vous trouverez d'autres points communs et d'autres sujets de conversation que le jeu du « j'en ai plus que toi ». Inversement, vos amis percevront mieux votre personnalité et découvriront des aspects de vous qu'ils ne voyaient pas lorsque leur attention était accaparée par ces petits jeux.

Il arrive aussi que des amitiés tiédissent avec le temps. La conversation a tendance à se réduire à des échanges du genre « Tu te souviens… » et à des questions sur ce que l'autre est devenu entre-temps. Vous n'êtes certes pas obligé de rompre brutalement avec ces gens qui ont pu être très proches de vous à une certaine époque. Gardez des contacts amicaux informels si vous en avez envie, mais renoncez à faire comme s'il s'agissait vraiment d'une « amitié profonde ». Cela vous évitera des déceptions inutiles et des pensées du genre : « Et ça se prétend ma meilleure amie ? » Et aussi de voir votre « grand cercle d'amis » se transformer un jour en « grand cercle de connaissances ».

Misez sur les vrais amis

Quand vous aurez mis ainsi un peu d'ordre dans vos amitiés, vous pourrez d'autant mieux cultiver les relations vraiment importantes pour vous – les amis sur qui vous pouvez compter, avec qui vous pouvez parler à cœur ouvert et qui ne sont pas là seulement quand tout va bien, mais aussi pour vous dire la vérité lorsque c'est nécessaire. De telles qualités supposent de toute façon des contacts assez fréquents et une relation proche, ce qui est plus facile dans un groupe plus restreint. Car je suppose que vous non plus, vous n'avez pas une réserve infinie de temps et d'attention à « répartir » entre vos différents amis. Avec un petit cercle d'intimes, vous avez davantage de temps à consacrer à chacun, et ces amitiés pourront être d'autant plus profondes.

Ne cherchez pas trop souvent à avoir raison

Faites-vous souvent ce genre d'expérience ? À un moment donné, le dialogue, qui consiste en principe à ce que chacun exprime sa pensée à voix haute afin d'aboutir ensemble à une conclusion, se transforme en une discussion pied à pied avec le ou la meilleur(e) ami(e). Chacun ne cherche plus tout à coup qu'à faire prévaloir son avis. Cela peut rapidement créer une dynamique qui n'aboutit qu'à se rendre malheureux sans raison : si, au bout d'un certain temps, l'autre se rallie à votre opinion, c'est qu'il ou elle a « perdu » et que vous avez « gagné ». En réalité, vous avez perdu quelque chose vous aussi, parce que cela jette toujours une petite ombre sur votre amitié. Et c'est la même chose à chaque fois qu'il y a un « perdant ». Si vous observez ce phénomène avec vos amis, choisissez délibérément de renoncer à de telles victoires, ou bien ne laissez pas les discussions dégénérer vers ce genre d'affrontement. Essayez plutôt de cultiver l'art de réfléchir ensemble et de parler ensemble – ainsi, vous pourrez « refaire le monde », mais joyeusement.

N'attendez pas toujours quelque chose en retour

Ce qui est valable avec votre partenaire l'est aussi entre amis : attendre moins de l'autre, c'est être moins facilement déçu. Apprenez le plus tôt possible à vous accommoder des petits défauts de vos amis – et eux des vôtres. Richard arrive toujours en retard aux rendez-vous, vous devez toujours prêter à Barbara l'argent pour payer son café… et alors ? Si vous avez l'impression d'être toujours celui qui donne davantage, dites-vous de temps en temps que l'amitié n'est pas un commerce et que le bilan ne doit pas obligatoirement être équilibré. Pensez moins à ce que vous attendez en retour de tel ou tel ami. Réjouissez-vous d'épargner tout ce travail à votre intelligence, et de voir combien il vous est plus facile de rester d'humeur égale quand votre petit comptable intérieur ne vous fait plus de « rapports de bilan » du genre : « Voilà ! Je lui trouve un super boulot et elle ne m'a même pas invité à manger ! »

Une suggestion : chaque fois que vous faites quelque chose pour un ami, imaginez que votre don s'adresse au monde entier – et donc que le « retour » viendra peut-être à un autre moment et d'une tout autre personne. Peut-être même l'avez-vous déjà reçu il y a longtemps, mais simplement, la relation de cause à effet ne vous apparaît pas. Gardez cette disposition d'esprit dans vos relations avec tous ceux qui vous entourent, et savourez à quel point tout devient subitement plus simple et plus agréable.

Pourquoi moins c'est mieux, dans le couple aussi

Le partenaire toujours compréhensif, qui a toujours de bonnes idées – par exemple sur ce qu'on peut faire le dimanche –, qui n'est jamais fatigué ni mal fagoté, avec qui on peut parler de tout, et qui sait même donner un sens à votre vie et vous permettre de vous réaliser… N'avez-vous jamais remarqué à quel point les prétentions au bonheur reposent aujourd'hui à bien des égards sur le couple et sur le partenaire ? Il est vrai que la société a beaucoup changé. Il n'y a pas si longtemps encore, on se mariait surtout pour des motifs raisonnables. On avait déjà bien assez à faire avec le travail de la ferme pour avoir du temps à consacrer à sa réalisation personnelle et à de grandes ambitions dans la vie.

Aujourd'hui, non seulement il est plus facile de se séparer, mais les couples doivent résister à des influences extérieures bien plus nombreuses – surtout depuis que toutes sortes d'illusions s'y sont insidieusement glissées à travers les médias, la publicité et le cinéma. À la télévision et dans les magazines, on voit surgir dans tous les coins des prototypes de femme ou d'homme idéal qui n'ont pas grand-chose à voir avec la réalité. Ils ont tous un visage époustouflant, un corps de rêve, et une solution à tous les problèmes. Les femmes sont toujours maquillées et vêtues à la perfection, et ne connaissent la migraine que par ouï-dire. Les hommes se distinguent par leur capacité d'empathie, leur esprit et leur charme, ils écoutent avec une inlassable attention, et ne vont jamais aux toilettes. Beaucoup de magazines féminins alimentent la légende avec des titres comme : « Le nouvel homme 2007 : aux petits soins pour vous. »

Le nouveau phénomène du culte intensif des stars crée lui aussi un flot d'images féminines et masculines resplendissantes, qui risquent quand même de troubler quelque peu la vision qu'on a de la réalité, quand on apprend régulièrement, par diverses chaînes de télévision, revues et magazines sur Internet, des nouvelles du genre : « Apprenant la dispute de son amie avec le metteur en scène, Machin a aussitôt pris l'avion pour aller la rejoindre ! » À force, les conversations entre certains de vos amis ou collègues de travail peuvent finir par produire la même impression : « Hier soir, Sophie nous a encore régalés d'un menu de trois plats, vraiment magique ! »

Or, comme la plupart des illusions, ces images ont la particularité d'être généralement plus ou moins inconscientes, alors qu'elles ont souvent une part de responsabilité dans beaucoup de conflits et de querelles. Surtout lorsqu'on se met malgré soi à comparer son ou sa partenaire avec l'un ou l'autre de ces prototypes.

L'individualisation croissante de la société, qui divise les groupes en cellules de plus en plus petites, fait aussi peser sur les couples une plus lourde charge. Il y a encore deux ou trois générations, on n'attendait pas tout de son seul partenaire, mais on faisait souvent appel au reste de la famille. On trouvait toujours quelqu'un qui était d'humeur à écouter ou qui avait le temps de s'occuper d'un problème. À notre époque de familles restreintes et de célibataires, le cercle des amis ne suffit pas toujours à compenser cela.

Attendez moins, recevez davantage

Avez-vous remarqué chez vous-même des exigences envers votre partenaire davantage inspirées et nourries par des influences extérieures que réellement justifiées ? Dans ce cas, il ne sera pas mauvais pour vous de décider consciemment de penser un peu

« moins c'est mieux » dans ce domaine, c'est-à-dire tout simplement d'attendre un peu moins de l'autre. Je ne parle pas ici, bien sûr, de comportements clairement répréhensibles ni de graves faiblesses du caractère, mais des innombrables petites choses que l'on espère de la part de l'autre. Par exemple qu'il ou elle ait fait à manger tous les soirs lorsqu'on rentre à la maison, ou qu'il/elle soit toujours capable de lire dans vos yeux de quoi vous avez envie. Dans un couple, ce genre de chose peut devenir une véritable source de conflits, parce que la pression engendre le plus souvent une pression en retour : généralement, plus l'un des deux partenaires tient à son idée, plus l'autre va lui résister.

En cela, une petite dose de « moins c'est mieux » peut avoir des effets remarquables. Le seul fait que vous cessiez totalement d'attendre telle ou telle chose de votre partenaire et que vous ne soyez donc plus déçu(e) à cause de cela vous permet d'être à nouveau de bonne humeur avec lui ou elle. Votre partenaire peut même se mettre tout à coup à faire la cuisine avec plaisir, ou devenir réellement capable de mieux percevoir les signaux que vous lui envoyez – parce qu'il/elle peut maintenant décider librement. Il est très possible aussi que vous retrouviez davantage de plaisir à être ensemble, parce que, au lieu d'avoir en tête toutes sortes de pensées qui font écran, vous appréciez votre relation telle qu'elle est. Dans un couple où chacun des deux partenaires avait jusqu'ici de très nombreuses exigences envers l'autre, le soulagement peut être si grand qu'ils vont vivre littéralement une nouvelle « lune de miel ».

Pour certaines choses, il vaudra parfois la peine de vous demander si votre attente ne s'adresse pas à quelqu'un d'autre que votre partenaire. Et pourquoi pas vous-même ? Après tout, vous êtes le mieux placé pour savoir de quoi vous avez besoin. Plutôt que de vous fâcher une fois de plus parce que votre partenaire ne vous a pas fait à manger, la prochaine fois, préparez vous-même un très bon repas et partagez-le ensemble. Si vous avez envie d'une robe et que votre compagnon n'a toujours rien remarqué après la dixième allusion, achetez-la vous-même et savourez le plaisir de la porter lorsque vous sortirez ensemble. Si vous vous plaignez de vous ennuyer le week-end, prenez en charge l'organisation d'une rencontre entre amis. Au bout de quelque temps, ne se sentant plus sous pression, votre partenaire aura peut-être de lui-même envie de s'occuper des invitations.

L'un des secrets de la réussite d'un couple

Passez-vous énormément de temps avec votre partenaire ? Avez-vous l'impression qu'à cause de cela, vous ou votre partenaire ne pouvez pas tout à fait satisfaire vos goûts personnels ? Laissez-lui du temps à passer sans vous. Et, de votre côté, prenez ce temps pour vous, si vous en avez envie. Personne n'a dit que la qualité d'une relation dépendait de la quantité de temps qu'on passait ensemble. C'est tout le contraire : faire de temps en temps des choses chacun de son côté peut aider à apporter un peu de nouveauté dans la relation. En vacances, surtout, c'est un bon moyen de ne pas se taper mutuellement sur les nerfs.

Ne cherchez pas un « partenaire de rêve »

Vous n'avez pas encore trouvé le partenaire qu'il vous faut ? Là aussi, beaucoup de gens se compliquent inutilement la tâche. C'est peut-être tout simplement que vous en demandez trop. Cela n'a rien d'étonnant si l'on considère les images véhiculées par les médias, qui nous ont inculqué une idée vraiment obsessionnelle du partenaire idéal. Au début des années 1980, déjà, il était devenu impossible de prononcer le nom de l'actrice américaine Bo Derek sans la qualifier de femme « de rêve ». Aujourd'hui encore, les magazines pour adolescentes bombardent leur lectorat d'articles sur « comment trouver l'homme de tes rêves » – laissant ainsi le champ libre à l'idée implicite qu'un tel homme existe vraiment : l'homme absolument parfait, sans aspérités ni défauts. Après quoi notre petit département qualité travaille activement à perfectionner le mythe. Nous nous bricolons un partenaire idéal à partir de toutes les qualités qui nous paraissent le plus formidables. Tout en sachant fort bien que nous ne les trouverons jamais réunies dans un seul être humain.

Tout cela ne serait pas si grave si nous ne nous mettions en quête de l'oiseau rare avec ce genre d'images en tête. Dès la première conversation anodine, nous passons en revue notre liste et y faisons mentalement nos petites croix. Dommage que ces listes nous empêchent de nous demander quelles sont les qualités qui ont réellement de l'importance pour *nous*. Des cheveux blonds oxygénés ou un gros compte en banque peuvent être des critères essentiels dans vos représentations toutes faites. Mais, si vous y renoncez, vous découvrirez peut-être que, sans avoir positive-
ent quelque chose contre les boucles blondes ou les

gros revenus, ce sont en réalité de tout autres qualités qui comptent pour vous. Et qui peuvent fort bien ne pas correspondre à l'idée qu'on se fait généralement de l'homme ou de la femme de rêve.

Ceux qui ne voient pas très clairement la différence passent parfois des années à courir d'une relation à l'autre sans trouver le bonheur. Même si chaque nouveau partenaire répond à une grande partie des « critères imposés », on finit très vite par se séparer. Pendant ce temps, on manque toutes les occasions où on aurait pu rencontrer un partenaire avec qui on se serait vraiment bien entendu. Alors qu'il aurait suffi pour cela d'être une seule fois honnête avec soi-même.

Les choses ne se passent sans doute pas d'une manière aussi caricaturale dans la réalité, mais tout de même : si vous cherchez un partenaire de vie, simplement, prenez conscience du rôle que joue chez vous le désir de vous conformer à des apparences. Ne vous laissez pas égarer par des critères « incontournables ». Lorsque vous irez pour la première fois ensemble au restaurant avec quelqu'un qui pourrait devenir votre compagnon de vie, savourez le plaisir de recevoir une impression bien plus claire et plus complète sans votre petite liste intérieure. Je suis sûr que, dans votre cœur, vous savez déjà depuis longtemps ce qui compte vraiment pour vous.

Moins c'est mieux avec des enfants : mission (pas) impossible !

Avez-vous des enfants ? Là aussi, vous pouvez appliquer le principe « moins c'est mieux » de bien des façons – ne serait-ce qu'indirectement. Car les enfants ont tout d'abord besoin de beaucoup expérimenter le « plus », c'est-à-dire de posséder et d'essayer beaucoup de choses. On peut difficilement faire autrement aujourd'hui, étant donné la pression du groupe et la puissance des messages publicitaires dans les médias. Si, dans les quelques années où vous pouvez avoir une vraie influence éducative sur vos enfants – c'est-à-dire de la naissance à la préadolescence –, vous parvenez à maintenir la consommation de vos enfants dans de saines limites et à trouver un juste milieu, vous en aurez déjà fait beaucoup.

« Tel père, tel fils », c'est peut-être vrai quand même...

La chose la plus importante que vous puissiez faire pour vos enfants, c'est d'être un bon exemple pour eux. Si vous appliquez vous-même le principe « moins c'est mieux » dans certains domaines de l'existence, et si, sans que vous ayez grand-chose à leur expliquer, vos enfants passent leurs dix premières années – les plus marquantes – à voir que l'on peut fort bien vivre, et même mieux que d'autres, en choisissant de posséder et de consommer moins en ayant moins de besoins matériels et de désirs, vous aurez déjà fait l'essentiel. Vous aurez beaucoup contribué à faire en sorte que vos enfants, une fois adultes, soient moins attachés à consommer produits et symboles sociaux. Et qu'ils ne se laissent pas si facilement séduire par des styles de vie du genre « plus vite, plus haut, plus loin ». Ayez confiance : avec un peu de chance, la graine que vous aurez semée dans les jeunes années de votre enfant lèvera à l'âge adulte. Même si, bien sûr, on ne peut pas en avoir la certitude absolue.

> *« La meilleure chose que des parents puissent donner à leurs enfants pour la vie, c'est de leur consacrer chaque jour quelques minutes de leur temps. »*
>
> O. A. Battista[20]

Mais, en vivant *less*, vous faites aussi du bien à vos enfants directement : des parents moins accaparés par leurs possessions matérielles, leurs envies ou leurs obligations sont tout simplement mieux en mesure de s'occuper de leurs enfants. Beaucoup de troubles psychologiques des enfants d'aujourd'hui sont une réaction à l'excitation permanente de parents sans cesse absorbés dans leurs désirs de consommateurs et dans les nécessités de leur carrière, ou encore obsédés par l'idée qu'ils pourraient être bien mieux ailleurs ou avec quelqu'un d'autre.

---

20. Cette citation date d'un temps où on délaissait beaucoup les enfants et surtout où ils n'avaient pas la parole. « Quelques minutes » d'attention par jour pouvaient donc passer pour un cadeau extraordinaire ! (N.d.T.)

Cessez de comparer vos enfants à ceux des autres

D'autres parents vous font des remarques du genre : « Notre petit Benjamin connaît déjà ses tables de multiplication de 1 à 10 » ? Ne vous laissez pas impressionner par ces étalages de performances. Pensez à votre propre enfance : étiez-vous toujours le premier ou la première à maîtriser une compétence quelconque ? Certainement pas à chaque fois. Pourtant, vous n'êtes pas tombé dans le ruisseau, vous avez réussi à faire quelque chose de votre vie.

Argent de poche, jeux et jouets

Si vous voulez donner à vos enfants une première idée de ce que veut dire « moins c'est mieux », l'argent de poche est un bon moyen pour le leur faire comprendre. Tenez-vous-en à une somme raisonnable. Bien sûr, il faut que vos enfants aient assez d'argent pour pouvoir faire au moins certaines choses avec leurs amis. Mais ne considérez pas cela comme une façon généreuse de compenser le peu de temps que vous pouvez passer avec eux. Cela ne fait pas de mal à vos enfants de réfléchir pour savoir quels désirs sont plus importants que d'autres pour eux. De la même façon, surveillez la quantité des jouets. Beaucoup d'enfants en possèdent plus qu'ils ne pourront jamais en utiliser. Quand vos enfants seront assez grands pour cela, vous pourrez les encourager à faire régulièrement un grand débarras. Laissez-les trier eux-mêmes tous les objets dont ils ne se servent plus et qu'ils ne veulent pas garder. Ensuite, faites un stand sur un marché aux puces ou vendez les objets sur Internet. Ainsi, vos enfants apprendront très tôt qu'on n'est pas obligé d'accumuler les possessions, mais qu'on peut à _ _moment les donner ou les revendre.

N'imaginez pas trop l'avenir de vos enfants

Beaucoup de parents ont dès la naissance de leur enfant des idées bien arrêtées sur ce qu'il devra faire plus tard : à quelle école il ira, quel métier il fera, quelle position il occupera dans la société, et même quels seront les traits dominants de sa personnalité : « Notre Kevin sera un vrai dur… » Or, la plupart du temps, il arrive tout autre chose. Le fils qu'on espérait voir devenir un grand sportif est un journaliste rêveur. La fille qui devait faire médecine a trouvé son bonheur en ouvrant une boutique sur Internet. Il est certes tout à fait normal et merveilleux d'imaginer comment nos enfants seront plus tard. Simplement, fixez-vous une limite : que tout cela ne se transforme pas en avenir obligatoire, qu'il n'y ait pas qu'un seul modèle envisageable. Moins vous suivrez votre idée sur ce que doivent être vos enfants, plus vos relations avec eux seront simples et détendues – et le resteront par la suite. De plus, il vous sera plus facile ainsi de voir vos enfants tels qu'ils sont, de reconnaître leurs vrais talents et de les encourager dans leurs goûts.

Laissez vos enfants démarrer doucement dans l'existence

Il y a un siècle ou deux, on ne connaissait pas l'enfance prolongée qui s'est imposée progressivement comme la norme à partir de la seconde moitié du XXe siècle, en même temps que l'on « redécouvrait » l'adolescence. Cependant, la période de l'enfance tend également à rétrécir au fil des décennies : alors que, dans les années 1960 et 1970, l'adolescence commençait généralement vers quatorze ou quinze ans, aujourd'hui, dans les grandes villes, on considère souvent qu'on cesse d'être un enfant vers huit ou neuf ans. Une évolution sur laquelle les parents n'ont guère d'influence. Ce sont les copains, l'école et les médias qui dictent la cadence. Si, à côté d'activités extrascolaires comme les leçons de piano, le café philo ou le cours particulier d'anglais, vous laissez à vos enfants quelques plages de temps pour des « enfantillages » tels que la lecture de bandes dessinées ou une balade à bicyclette improvisée, vous n'avez donc pas à vous sentir coupable, bien au contraire.

Une bonne idée : le budget études

Avec les enfants, la simplicité volontaire, c'est bien, la simplicité forcée, non. Surtout lorsqu'il s'agit de leur formation. Faire en sorte que vos enfants aient une bonne formation est l'un des plus beaux cadeaux que vous puissiez leur faire. En Allemagne, la question se pose dès le jardin d'enfants, qui mobilise une bonne partie du budget des parents lorsqu'ils n'ont pas de gros revenus. Mais, quel que soit votre pays, vous devrez peut-être prévoir un budget important pour que votre enfant puisse suivre des études supérieures ou une formation professionnelle dans une école privée.

Il vaut donc mieux commencer le plus tôt possible à mettre de l'argent de côté pour les études de chacun de vos enfants, par exemple en ouvrant un compte bien rémunéré. Faites des versements réguliers sur ce compte et proposez à certains membres de votre famille d'user de cette possibilité, plutôt que d'offrir des cadeaux excessifs. Vous serez heureux par la suite de pouvoir faire plus librement des choix de formation avec vos enfants, du moins sans être gêné par des idérations matérielles.

9

L'esprit « moins c'est mieux »

> *« Pouvoir se sentir heureux, même sans raison de l'être – c'est là le bonheur. »*
> Marie von Ebner-Eschenbach

Même si vous ne mettez en pratique que quelques idées pour vivre *less*, vous remarquerez que votre façon de penser a changé. Beaucoup de pensées et de modes de raisonnement inutiles s'effacent progressivement, ou bien ils ne vous dérangent plus autant. Aimeriez-vous approfondir cet état agréable ? Si c'est le cas, vous serez sûrement intéressé par les suggestions qui suivent pour vivre *less* dans sa tête.

Faites des projets selon le temps dont vous disposez

Vous connaissez peut-être souvent vous aussi ce genre de situation : on est samedi, et une liste interminable de courses à faire et de petites tâches à accomplir vous attend. Ou bien vous êtes en vacances, et vous voudriez en même temps lire quatre romans, prendre

un cours de plongée, visiter les monuments historiques et sortir tard le soir. Ou vous déménagez, et
vous vous fixez un délai de deux jours pour que votre
appartement soit fin prêt. La plupart du temps, il n'y
a qu'une seule chose qui ne colle pas : le temps dont
vous disposez. Et vous vous retrouvez généralement
stressé. La solution « moins c'est mieux » : ne vous
fixez pas pour objectif le nombre total de tâches à
accomplir, mais le temps que vous voulez y consacrer.
Si, au bout de trois heures, vous n'avez pas terminé
vos achats, remettez le reste à une autre fois, ou char-
gez quelqu'un d'autre de les faire – ou encore, demandez-vous si vous avez vraiment besoin de tout ça. De
cette façon, vous éviterez d'être débordé à un moment
ou à un autre. Bien souvent, vous vous apercevrez
que vous êtes tout aussi satisfait en ayant rempli votre
objectif à 90 % seulement. Et vous profiterez donc
d'autant mieux, selon le cas, de votre temps libre ou
du résultat de votre travail.

Découvrez de nouvelles façons de gérer la frustration

Que faites-vous lorsque vous vous sentez frustré ?
Courez-vous les magasins comme un(e) malade ?
Faites-vous une orgie de sucreries ? Roulez-vous à
cent cinquante à l'heure sur l'autoroute ? Ou comp-
tez-vous sur les effets de l'alcool et des cigarettes ?
Sans toujours en être conscients, nous dépensons
parfois une énergie sans commune mesure avec la
frustration dont nous essayons de nous libérer. Et nous
devons donc assumer les conséquences qui peuvent en
résulter. Mais il est possible d'agir plus simplement, à
ndres frais et sans effets fâcheux. L'un des moyens

les plus efficaces et les moins coûteux pour neutraliser les soucis est l'exercice physique. Une simple promenade ou un petit tour à vélo peut déjà éliminer une grande partie de la frustration accumulée, à condition de durer assez longtemps. Si vous vous contentez de faire le tour du pâté de maisons, il est peu probable que vous soyez de meilleure humeur ensuite. La frontière magique se situe quelque part entre une heure et une heure et demie. Faites une promenade à pied ou à vélo dans les environs pendant au moins une heure, et vous vous sentirez nettement mieux.

Si vous rentrez chez vous fatigué le soir et que vous n'avez pas une heure entière devant vous, prenez le temps de faire un petit jogging. Cela rétablira au moins un certain équilibre. Même au bureau, si vous êtes saisi d'une violente colère, vous pouvez toujours monter et redescendre en courant les escaliers du rez-de-chaussée au sixième étage ! Quelle que soit la méthode choisie, vous constaterez que le mouvement est un bon moyen d'éliminer les contrariétés. De plus, contrairement aux achats compulsifs ou à l'absorption de boissons alcoolisées, cela ne vous coûte vraiment pas cher – et c'est bon pour votre santé.

Cela dit, il faudrait aussi vous préoccuper de savoir *pourquoi* vous êtes souvent fâché à propos de certaines choses, ou pourquoi ces choses vous ennuient. Cela a presque toujours à voir avec la façon dont vous envisagez une situation donnée, et non pas avec le fait qu'elle soit plus ou moins compliquée. Par exemple, s'il pleut, ce n'est pas ennuyeux en soi. Il pleut, c'est tout. Mais si, dans votre tête, vous concevez la pluie comme quelque chose de contrariant, elle le devient. Dans votre vie quotidienne, observez plus souvent ce qui vous fâche et vous contrarie. Vous constaterez qu'une grande partie de nos frustrations proviennent de ce que des gens ou des choses ne sont pas tels que nous voudrions les voir à un moment donné.

Révisez vos préjugés

« Moins c'est mieux » peut aussi signifier ne pas juger trop vite ce que nous voyons et ce qui nous arrive. Que ce soit négativement (« Berk ! Un serpent ! ») ou positivement (« Le lac était si pittoresque ! »). Je vous l'accorde, ce n'est pas si simple de prendre une telle résolution, et on n'y arrive pas du jour au lendemain, bien au contraire : cela peut prendre des mois ou des années de se défaire d'une habitude aussi profondément enracinée que celle de juger des situations malgré soi. Après tout, nous le faisons tous, ou presque. Nous avons appris cela dès l'enfance : chic, il fait beau, zut, il pleut !

Essayez tout de même d'y réfléchir un peu. Car, dans ce domaine, non seulement « moins, c'est mieux », mais cela vous permet de mieux profiter de la vie. Moins juger, que ce soit en pensée ou en paroles, vous évite par exemple de vous énerver inutilement dans beaucoup de situations. Si on a oublié de vous réserver une table au restaurant et qu'il n'y a plus de place, ou si votre nouvelle collègue ne vous plaît pas beaucoup parce qu'elle porte des vêtements que vous jugez beaucoup trop tape-à-l'œil : dans les cas de ce genre, débranchez plus souvent le petit robot intérieur qui vous fait les commentaires conformes à sa programmation. Ne serait-ce que parce que, de toute façon, les choses se passent rarement comme on imagine. Finalement, grâce à la réservation oubliée, vous découvrirez peut-être un nouveau restaurant ; et votre nouvelle collègue se révélera d'une conversation si agréable qu'elle finira par devenir une grande amie.

Si vous êtes vraiment attentif à ce qui se passe dans ces moments-là, vous remarquerez aussi qu'autre chose devient plus facile dès que votre commentateur intérieur la boucle un peu : votre perception de la réalité est bien plus objective. Par exemple, vous ne vous mettez pas aussitôt à klaxonner lorsque la voiture qui vous précède freine inopinément. Au lieu de juger hâtivement (« Cet idiot m'a fait caler »), vous regardez d'abord ce qui se passe – s'il s'agit d'une auto-école, d'un conducteur qui vient d'une autre ville et qui pourrait vouloir vous demander son chemin, ou vraiment d'un lambin à qui un petit coup de klaxon ne fera pas de mal pour le réveiller.

Autre exemple : un collègue que vous n'avez pas vu depuis longtemps et que vous ne pouviez pas souffrir s'assoit près de vous à la cantine. Au lieu d'être contrarié d'avance, vous vous apercevrez peut-être qu'il a beaucoup changé « en bien » depuis la dernière fois. Ou que vous n'aviez jamais prêté attention à ses côtés positifs parce que vous l'aviez jugé trop rapidement (« avec son espèce de voix haut perchée ! »).

Même dans les situations que vous jugez positivement, vous comprendrez mieux ce qui se passe réellement en mettant en veilleuse le commentateur qui, en vous, veut toujours tout trouver formidable. Vous pourrez par exemple vous apercevoir tout à coup que certains vous écoutent raconter sans cesse vos succès uniquement pour vous faire plaisir, mais qu'en fait, ces histoires à répétition leur tapent sur le système.

Et que vous n'avez absolument pas besoin d'attirer l'attention de cette façon, parce que les gens vous aiment bien, même sans cela.

Ne vous cassez pas la tête pour rien

Avez-vous déjà fait la liste de tout ce sur quoi vous vous creusez la cervelle quotidiennement ? Je suppose que c'est pour vous comme pour la plupart des gens : chaque matin, comme un disque rayé, c'est la même chanson qui recommence. Comment obtenir une promotion. Savoir si vous aurez assez d'argent. Quel avenir attend vos enfants. Les querelles avec les voisins ou les collègues. Et ainsi de suite ! Pas étonnant qu'à la longue, beaucoup de ces sujets d'inquiétude, qui peuvent prendre l'allure de vrais conflits intérieurs, finissent par tourner en rond dans votre cerveau, du moins lorsqu'il n'est pas occupé par d'autres pensées. Le plus étonnant, c'est qu'on peut en venir à ne même plus s'en rendre compte. Jusqu'au moment où on se demande pourquoi on est constamment énervé. Ou jusqu'à ce que quelqu'un s'étonne de votre mauvaise humeur, alors que tout va bien en apparence.

Il n'y a pas de doute : moins se casser la tête, c'est toujours mieux. Pour commencer, prenez conscience de vos sujets habituels de « rumination », des thèmes qui reviennent très régulièrement. Souvent, on ne se rend pas compte à quel point on est obsédé par certaines pensées. Par exemple, vous êtes tous les jours en colère contre l'un de vos collègues : « Il ne fiche rien, pendant que moi je me paie tout le boulot ici ! » Une fois vos principaux griefs identifiés, il vous sera plus facile de résister à ces accès de rumination lorsqu'ils commencent à se manifester. Et vous trouverez ridicule de laisser de telles pensées vous gâcher votre plaisir quand vous êtes assis à une terrasse de café où vous pourriez lire tranquillement le journal.

Si vous êtes fréquemment sujet à ces accès d'idées noires, ce sera pour vous une très grande joie le jour où vous apercevrez peut-être que le petit scénario habituel ne tourne plus dans votre tête pendant que vous vous lavez les dents ou que vous conduisez, ou au moment de vous endormir. Appréciez la façon dont les problèmes perdent souvent beaucoup de leur importance du seul fait qu'ils n'occupent plus autant de place dans vos pensées.

Soyez moins perfectionniste

Pour appliquer le principe « moins c'est mieux », vous pouvez aussi être amené à rechercher dans quels domaines vous avez tendance à être trop perfectionniste. Il est bien rare que nous n'ayons pas quelque chose à découvrir. Par exemple, notre idée fixe d'avoir des abdominaux en tablette de chocolat ou la ligne mannequin, qui nous empêche de nous réjouir quand nous perdons seulement un ou deux kilos ou que nous voyons nos muscles gagner un peu de fermeté. Même si c'est un progrès appréciable par rapport à la situation antérieure. D'autres se comparent à l'idée qu'ils se font de l'hôte parfait ou du parfait cordon-bleu – et, à force de courir entre la sauce gribiche à remuer et le vin à faire décanter, ils n'arrivent plus à tenir une conversation suivie avec leurs invités. Alors que c'était précisément la raison pour laquelle on voulait se voir. Le rôle parental, la profession et l'image de soi sont les domaines les plus menacés par le risque de perfectionnisme mal placé.

Reconnaissez-vous en vous aussi un idéal inaccessible auquel vous vous mesurez ? Il est peut-être temps d'envisager la question avec un peu plus de décontraction. Et d'apprécier les avantages de cette manière de voir. Moins vous serez perfectionniste dans vos ambitions et dans vos projets, mieux vous profiterez des résultats déjà obtenus. De plus, vous économiserez vos forces pour des choses plus importantes. Car l'énergie dépensée pour être à la hauteur d'une exigence est bien souvent démesurée par rapport à l'intérêt du résultat atteint. Alors que, sans effort, vous tapez dans le mille à un millimètre près, pour combler l'écart, vous seriez obligé d'investir des milliers d'euros en matériel de précision. Pour perdre encore deux kilos, chose dont vous n'avez peut-être plus du tout besoin, il faudrait littéralement vous martyriser.

La déception est naturellement encore plus grande pour un perfectionniste quand les choses ne marchent pas exactement comme il le voudrait. Celui qui veut toujours régaler ses invités d'un menu impeccable va passer le reste de la soirée avec une tête longue comme un jour sans pain parce que deux de ses plats ne sont pas tout à fait réussis, même si ça n'a pas empêché les autres de bien s'amuser. Celui qui se considère comme une personne d'une haute moralité ou particulièrement sensible sera terriblement déçu de lui-même s'il a traité quelqu'un avec un peu de mauvaise foi ou de brusquerie – pourtant, cela peut arriver à tout le monde de déraper.

Alors, soyez un peu *less* avec vos exigences de perfection. Bien sûr, ça peut faire plaisir de réussir parfaitement quelque chose. Mais ne recherchez cela que dans les domaines où vous êtes vraiment doué et où il vous est donc relativement facile d'obtenir un bon résultat.

Pour le reste, détendez-vous et mettez la barre un peu moins haut. On vit tout aussi bien en étant « seulement » bon et pas parfait dans son couple, son travail, une activité de loisir ou un sport. Ce « niveau de performance » est tout à fait suffisant pour que ce que vous faites bien vous procure quelques satisfactions et que vous en retiriez le sentiment de valoir quelque chose. De plus, les autres vous trouveront plus sympathique lorsqu'ils verront que vous non plus, vous ne réussissez pas tout parfaitement.

Postface

Vous y êtes arrivé. Vous menez une vie plus simple. Et c'est un sentiment bien agréable. Vous êtes plus calme, plus équilibré – ne serait-ce que parce que vous n'avez pas autant d'objets autour de vous qui réclament votre attention. Vous savez maintenant que vous êtes loin d'avoir besoin de toutes les choses qui vous paraissaient naguère indispensables. Vous vous sentez bien. En fait, mieux que jamais.

Pour les mêmes raisons, vous avez plus d'argent en poche. Ou du moins, vous joignez plus facilement les deux bouts avec ce que vous gagnez. Parce que vous consommez de façon plus sélective. Il y a beaucoup de choses dont vous ne voulez plus du tout, et, pour celles qui restent, vous pouvez vous offrir une meilleure qualité.

Vous avez davantage confiance en vous, parce que, maintenant, c'est vous qui décidez ce qui est important ou non. Les influences extérieures vous déstabilisent moins. Votre voix intérieure aussi vous met moins facilement sous pression. Vous n'êtes plus soumis à cette grande illusion que plus, c'est *forcément* mieux. Peut-être était-ce la première fois depuis longtemps que, grâce à ce livre, vous preniez le temps de réfléchir et de vous demander : est-ce vraiment le cas ? C'était votre premier pas dans votre toute nouvelle liberté. Aujourd'hui, vous savez que la vie est bien plus facile lorsqu'on sait qu'en réalité, on a toujours le choix. Vous pouvez toujours décider au moins une petite chose. Et cela vous rend souvent bien plus heureux.

De plus, vous éprouvez une sensation de légèreté que vous ne pouviez pas imaginer auparavant, surtout si vous possédiez et désiriez beaucoup de choses. Vous vous apercevez que vous avez repris le contrôle de vos possessions et de vos envies, au lieu que ce soit l'inverse. Vous avez donc trouvé de nouvelles ressources : vous avez plus le temps, vous observez avec plus d'attention ce qui se passe autour de vous, vous voyez mieux, vous comprenez mieux, vous percevez mieux les choses. Simplement parce qu'il y a beaucoup moins de choses autour de vous et dans votre esprit pour détourner votre attention. Peut-être n'aviez-vous aucune idée jusqu'alors du sentiment de liberté et de paix que cela pourrait vous apporter. En quelque sorte, vous revivez.

Vous ne traitez plus les gens et les situations – ni vous-même – de la même façon qu'avant. Vous êtes plus détendu, moins agité. Votre personnalité rayonne bien davantage. Lorsqu'on vous dit cela, vous vous étonnez de moins en moins, mais vous vous en réjouissez en secret. Tout au plus vous demandez-vous encore pourquoi on ne vous a pas donné plus tôt l'idée de changer votre vie selon la devise « moins c'est mieux »…

Bibliographie

Jörg Blech, *Les Inventeurs de maladies - Manœuvres et manipulations de l'industrie pharmaceutique*, Actes Sud, 2005, trad. Isabelle Liber. Postface de Martin Winckler.

Douglas Coupland, *Génération X (Tales for an accelerated culture)*, Robert Laffont, 1993.

Baltasar Gracián (1601-1658), *Traités politiques, esthétiques, éthiques*, Seuil, 2005.

Stefan Klein, *Apprendre à être heureux, neurobiologie du bonheur*, Robert Laffont, coll. « Réponses », 2005, trad. Olivier Manonni.

Sophie Lacoste, *Les Surprenantes Vertus du jeûne*, Éditions Leduc.s, 2007.

Table des matières

Aux éditions Leduc.s

Dico-guide du radin malin
de Michel Droulhiole

Pour se faire plaisir en dépensant moins !

Le pouvoir d'achat et la consommation sont aujourd'hui plus que jamais d'actualité. Mais la tendance n'est plus : « Gagner plus pour dépenser plus », mais plutôt : « Devenez radin » !

Être radin, ce n'est pas être pingre ni avare, mais c'est être… malin ! Dans ce livre :
• Comment acheter moins cher ?
• Comment arrondir ses fins de mois ?
• Où sont les bons plans ?
• Comment comparer rapidement les prix ?
• Les bonnes adresses pour acheter moins cher.
• Les fausses économies et les vraies arnaques à fuir.

De A comme Alimentation à W comme Wifi (mais aussi Chauffage, Beauté, Logement, Fournisseurs d'accès, Mariage, Vacances, et bien d'autres !), ce livre donne, pour tous les produits de consommation courante, les bons plans et les bons conseils pour ne plus jamais se faire avoir !

Augmenter son pouvoir d'achat sans gagner plus, c'est possible !

Collection : GUIDE PRATIQUE
ISBN : 978-2-84899-245-7

Format : 13 x 19,3 cm
Pages : 320
Prix : 9,90 €

100 réflexes bio

d'Hélène Binet et Emmanuelle Vibert

Vivre bio aujourd'hui, c'est glamour et éco-citoyen !

Vous avez envie :
- De manger bio sans vous ruiner ?
- D'être une belle plante grâce aux cosmétiques bio ?
- De respirer du bon air bien pur chez vous ?
- De faire pousser Bébé à la mode bio ?
- De cultiver le look éthique et chic ?

Dans ce livre, découvrez les 100 bons réflexes pour devenir vous aussi *bio-addict* ! Avec tous les bons plans, les bonnes adresses et les conseils pour préserver votre santé et celle de la planète, sans effort et sans vous priver ! En adoptant l'attitude « C'est moi qui l'ai fait ! » et en suivant les astuces de deux expertes en vie bio, vous allez en plus faire des économies !

Avec les 100 réflexes bio, le bio n'est plus un luxe : il devient un vrai plaisir !

Collection : VIE QUOTIDIENNE
ISBN : 978-2-84899-216-7

Format : 13 x 19,3 cm
Pages : 192
Prix : 9,90 €

Pour recevoir notre catalogue, merci de bien vouloir
photocopier, recopier ou découper ce questionnaire
et nous le retourner complété à :

Éditions Leduc.s
33 rue Linné
75005 Paris

Vous pouvez aussi répondre à
ce questionnaire sur Internet :

www.leduc-s.com

NOM : . . . .
PRÉNOM : . . . .
ADRESSE : . . . .
. . . .
CODE POSTAL : . . . .
VILLE : . . . .
PAYS : . . . .
ADRESSE@MAIL : . . . .
ÂGE : . . . .
PROFESSION : . . . .

Titre de l'ouvrage dans lequel est insérée cette page :
Moins c'est mieux

Lieu d'achat : . . . .

Avez-vous une suggestion à nous faire ?

. . . .
. . . .
. . . .

À . . . .   LE . . . .

Impression réalisée sur Presse Offset par

La Flèche (Sarthe), le 30-09-2008
48944 – Dépôt légal : octobre 2008
Imprimé en France